ものがたりで学ぶ経済学入門

根井雅弘 著
Nei Masahiro

中央経済社

はしがき

本書は、一風変わった経済学への案内書である。私は一介の経済思想史家で、ふだんはアダム・スミスから現代に至る経済思想史を研究したり教育したりするのを仕事にしている。

だが、最近、大学生が学ぶ経済学の理論や歴史と、高校までに習う経済や歴史の内容がうまくリンクしていないのではないかという思いが強くなった。

中学や高校の教科書は、大人が考える以上によくできていて、比較的高度な記述まで含まれている。だが、そこでは、たとえばアダム・スミスは自由放任主義者として描かれ、経済学史上で自由放任主義と決別したのはケインズが最初であるというような、専門家からみれば問題含みの記述が相変わらず散見される。

彼らが大学に入学して、経済理論や経済学史の講義を履修した場合、スミスが実は道徳哲学者だったという事実に驚くだろうし、受験勉強で学んだ「スミス＝自由放任主義者」という知識は何だったのかという疑問がわくかもしれない。

さらに言えば、経済学の入門書はたいてい経済理論の専門家が書いているので、思想史をあまり知らずに「スミス＝自由放任主義者」という図式を踏襲しているものが少なくない。そのような理解（というよりも「誤解」なのだが）を引きずってしまうと、経済学史を学ぶときの妨げになる可能性もある。数十年も大学で経済学史や現代経済思想を教えていると、このように学生の頭を混乱させるような例がいくつもあることに気づく。

そこで、昨年から今年にかけて、私は中学や高校の教科書に書いてあることのよい部分を生かし、足りない部分を補うような入門書は書けないものかという可能性を探ってきた。なるべくありきたりの入門書にしたくなかったので、自分の本では初めて「フィクション」の要素を採り入れ、高校三年生の主人公（経太君）と偉大な経済学者たちとの夢の中での「対話」を織り込むことにした。もちろん、対話自体はフィクションだが、その背景にある、経済学の思想や理論の解説には正確を期し、いかにもありそうな対話を創作することにした。

経太君は、家庭教師のように後輩の栄一君（中学三年生）の勉強をみてあげているが、栄一君の父親が経済学者の杉本先生という設定になっており、経太君は、杉本先生の指導を受けて、いつの間にか、経済学の世界へと導き入れられる。

高校生にしては経太君は賢すぎるのではないか？　と思う読者がいることは承知しているが、それでも、私は賢い高校生は全国にたくさんいると信じて疑わない。大人は優秀な高校生の知的水準を見くびってはならない。

拙著『経済学者の勉強術』（人文書院、２０１９年）に書いたように、私には杉本先生に当たるような指導者はいなかったが、幸い、若者の頃、社会学者で偉大な教養人だった清水幾太郎（1907-88）と知り合いになり、清水先生との会話から実に貴重な知恵をたくさん授けてもらった。

経太君が杉本先生の指導を受けるフィクションを創作していく過程で、若かりし日に、清水先生と学問の話をしたことが鮮明な記憶として甦ってきたから不思議である。

私は経済学は一生をかけて学ぶに値するだけの偉大な伝統をもっていると信じている。本書のメッセージが、若者たちに確かに伝わることを願うばかりである。

２０１９年７月10日

根井雅弘

ものがたりで学ぶ経済学入門◎目次

第1章

経済学をもっと知りたい！

高校三年生になった経太は、進路に悩んでいた。一応、二年生までに高校三年間で学ぶような科目は履修し、最後の一年は大学受験に備えるような受験校に通っていたが、学校の授業は少しも面白くない。いや、国語も数学も英語も嫌いではなかった、というよりもかなりよく出来たのだが、自分がどの分野に進めばよいのか、まだよくわからなかった。

だが、ひとつだけ国語の先生からのアドバイスが役に立った。先生は、入試に小論文を課すような大学を目指すならば、ふだんから新聞のコラム（朝日新聞の「天声人語」のようなもの）や夕刊文化面などに目を通すようにと言っていた。天声人語はなるほど万人向けで専門用語は出てこなかったが、毎日これを読む習慣をつけるのはそうたやすいことではない。

受験生は結構忙しいのだが、何とか毎日読んでみることにした。難しくはないと思ったが、もし一人の論説委員が本当に毎日書いているのだとしたら、社会・政治経済・文化などに精通した相当の力量が必要なはずだ。

だが、誰かがあのコラムは、実際は、メインの担当者のほかにも執筆者がいると教えてくれた。ちょっとがっかりしたが、よく考えてみれば、人間には休みが必要なので、当然といえば当然だった。

天声人語はそんな感じで毎日読むようになったが、夕刊文化面に載る記事は内容によっては非常に難しかった。有名な学者の寄稿が多かったが、「ミシェル・フーコー」とか「ハイデガー」のような哲学関係の記事は、予備知識が足りないので半分もわからなかった。まだ「マルクス生誕200年」（2018）のような記事のほうが読みやすかった。

国語の先生のアドバイスもあったので、新聞を手にしたとき、ほかの記事も自然と読むようになったが、最近は、「格差」とか「不平等」とか、そんな感じの言葉がしょっちゅう出てくる。「マルクス」が資本主義崩壊の客観的論理を解明した『資本論』を書いたことは、「政治・経済」の教科書にも載っていた。政治・経済の授業では、一部の生徒は受験には関係がないので居眠りしていたが、自分はけっこう好きだった。

悩んでいても仕方がないので、杉本先生に一度、相談してみることにした。杉本先生には中学三年生の息子（栄一君）がいたが、ひょんなきっかけから、自分がたまに英語や数学の勉強をみてやっていた。

家庭教師というほどのものではないが、栄一君は教えればすぐにわかってくれるので、楽な仕事だった。むしろ、栄一君を教えたあと、H大学経済学部を優秀な成績で卒業したという噂の杉本先生（たしか国立付近にある大学で教えていた）の話を聞くのが楽しみだった。

杉本：「経太君は学校の政治・経済の授業が面白いと言っていたけれども、いまどき珍しい高校生だね。」

経太：「珍しいかどうかわかりませんが、新聞の経済面を読んでいると、デフレとか格差とか、気になる言葉がたくさん出てくるので、もう少し勉強したい気持ちはあります。」

杉本：「うちの大学生より問題意識が高いのは素晴らしい！　ひとつ面白い話をしてあげよう。」

杉本先生は、書棚から一冊の洋書を取り出すと同時に、ノートパソコンを開いた。大きめの本だったが、大学で学ぶ経済学の教科書のようだった。Gregory Mankiw, *Principles of Economics*, 6th edition（South-Western, 2012）と書いてあった。

杉本：「これは、ハーヴァード大学で若くして教授になった俊英、グレゴリー・マンキューが書いた経済学の入門書で、全米の大学で教科書に採用されているベストセラーだ。経済学の入門レベルのことは、ほとんどこの教科書の中に書いてあるので、経済学とはどんな学問かが知りたい人は読まないといけないのだけれども、実は、以前マンキューの講義をめぐってちょっとした「事件」があったんだ。」

経太：「事件とは何でしょうか？」

杉本：「経太君は、2008年の「リーマン＝ショック」を知っているかな？」

経太：「政治・経済の教科書に出てきました[1]。金融危機でアメリカの投資銀行、リーマン＝ブラザーズが破綻した出来事ですね。しかし、どのようなメカニズムで金融危機が起こったのかまでは書いてなかったと思います。」

杉本：「それだけ知っていれば大したものだ。しかし、金融危機の解明にたどり着くのはまだ先で、ここで話したいのは、リーマン＝ショックのあと、世界的な不況になり、2011年9月、アメリカでも若者の四割に職がなくなったことで不満が爆発し、ニュー

（注1）高等学校の教科書『詳説政治・経済』（山川出版社、2015年）には、次のように書かれている。「景気後退はリセッションと呼ばれるが、その落ち込みが著しいと、ディプレッション（不況）と呼ばれる。1929年からの世界大恐慌は最も激しく、長く続いた**恐慌**として有名である。その後、ケインズの有効需要の理論に基づき、不況期には中央銀行が金融を緩和し、政府が財政支出を拡大して、不況が深刻化するのを防止するようになった。2007年のサブプライム危機および2008年のリーマン＝ブラザーズの破綻（リーマン＝ショック）に端を発する景気後退も大規模で、世界的な広がりをみせ、世界大恐慌以来の不況といわれた。各国の中央銀行は金融を緩和し、多くの政府が拡張的財政政策をとったが、政府の財政赤字の拡大は、一部の国の国債の信用を低下させ、それが**金融危機**を生んだ。」（130頁）

ヨークのウォール街から「経済格差の是正」「富裕層への課税強化」などを掲げて始まった運動のことだ。」

経太：「その運動のことはよく知りません。」

杉本：「知っているほうが驚きだから、心配は要らないよ。その運動については、まだインターネット上に記事がたくさん残っているようだね。ネット上の記事は玉石混淆《ぎょくせきこんこう》だから、経太君も注意しなさい。私が紹介したいのは、Occupy Wall Street Movement（ウォール街占拠運動）が始まったあと、ハーヴァード大学でマンキューが受け持っているEc 10という講義を一部の学生がボイコットした事件なんだ。」

経太：「なぜ一部とはいえそのマンキューの講義をボイコットしたのですか？」

杉本：「マンキューは弱冠29歳でハーヴァード大学教授になったほどの大秀才だ。アメリカでは実力本位で昇進に歳は関係がないとはいえ、異常に早い出世だといってもいいね。Ec 10も伝統ある講義科目で、過去にマンキューを含めて三名しか担当者がいなかったほど重要な科目なんだ。」

経太：「そうなのですか。よほど重要な科目なのですね。」

杉本：「重要なのはもちろんだけれど、その科目は、経済学専攻者ばかりではなく他の専攻の者でもたくさん履修登録しているから、影響が大きいともいえるね。ハーヴァードのリベラル・アーツ教育の一端を担っているという人さえいる。ところが、マンキューは、ウォール街占拠運動や格差にはあまり関心を示さなかった、というのがボイコットした学生たちの言い分だ。それに、彼はジョージ・W・ブッシュ共和党政権の大統領経済諮問委員会委員長（2003-05）を務めたこともあるので、政治的にはやや保守派寄りと見られていたと思うね。」

経太：「ますます面白いです。先生、その本を貸して下さいませんか？」

杉本：「いいよ。経太君は英語は大変よく出来るそうだから心配ないけれども、一応、訳書も貸してあげよう。よくわからないときは、参照しなさい。」

杉本先生のお宅から自分の家に帰ってきた経太は、今日先生から聞いた話を反芻《はんすう》していた。マンキューというハーヴァード大学の著名教授のこれまた名物講義が一部の学生にボイコットされた。

彼らは、リーマン＝ショック以後の経済格差の拡大に義憤を感じ、ウォール街占拠運動に共感していた。マンキュー教授は、その運動に対して距離を置いていた。というよりも、彼らの目には、無視しているように見えた。それで、講義ボイコットという挙に出たということだった。

話の筋としては、わかりやすい。しかし、もう少し情報がほしかった。経太はノートパソコンを開いた。杉本先生にネット上の出所が明らかではないウェッブサイトは信用するな、とくぎを刺されたので、ちゃんとしたメディアの記事を読んでみた。

一つはハーヴァードの学生団体が出している Harvard Crimson という新聞、もう一つは New York Times だ[2]。

杉本先生が言ったとおり、ハーヴァード大学で Ec 10 という入門者向けの講義を受け持ったのは三人のみだった。

一人は、ドイツ出身でナチス・ドイツから逃れてきたオットー・エクスタイン（1927-84）、ドイツ風に読めば「エクシュタイン」だ。彼は、リンドン・B・ジョンソン民主党政権の大統領経済諮問委員会のメンバー（1964-66）だったというから、政治的にはリベラル派だったのだろう。

政策指向の強かったエクスタインは、１９６０年代から亡くなる年までその講義を受け持ったが、公共政策を評価するための道具としての経済分析という視点を重視したようだ。冷戦時代でもあったので、ソヴィエト経済の分析を取り上げることもあった。１９７７年には、Ec 10をSocial Analysis 10という名前に変更したこともあった。だが、Ec 10のイメージが強かったのか、エクスタインは、“Otto Ec-10”というニックネームで呼ばれていたらしい。

そして、注目すべきは、学生たちに一つの見方だけを教えるのではなく、古典派やマルクスも教えたことだ。杉本先生から借りてきたマンキューの分厚い教科書とはずいぶん違う内容だ[3]。マンキューの本の索引には、「スミス」と「ケインズ」は出てくるが、「マルクス」がないことに後で気づいた。

エクスタインの跡を継いだのは、ニューヨーク生まれのマーティン・フェルドスタイン（1939-2019）。彼は、ロナルド・レーガン共和党政権の大統領経済諮問委員会の委員長（1982-84）経験者で、保守派と目されていた。彼が担当者となった頃から、Ec 10も今日のようにス

（注2）以下のいくつかの記事を参考にした（２０１９年2月1日アクセス）。
https://www.thecrimson.com/article/2018/3/1/history-of-ec-10/
https://www.nytimes.com/2011/12/04/business/know-what-youre-protesting-economic-view.html

（注3）大人は、高等学校の「政治・経済」がどこまで教えているかよくわかっていないが、アダム・スミス（古典派）もマルクスもケインズも、ちゃんと教科書に出てくる。もっとも、この三名の経済思想や経済理論をどこまで詳しくかつ正確に解説しているかは意見が分かれようが、優秀な高校生の知的水準を見くびってはいけない。

タンダードな経済学の入門講義に近づいた。特定の政治的な立場に偏することなく、また特別の能力（たとえば、数学）が必要な学生向きにもならないように配慮していた。

講義にメリハリをつけるために、他から講師をゲストとして呼んでくる工夫も凝らしたが、経済学のカリキュラムとしては、スタンダードな経済学を中心に据え、決してマルクス経済学やその他を組み込もうとはしなかった。

２００５年、フェルドスタインを引き継いだのが、いま担当しているマンキューだ。マンキューのEc 10は、まさに経済学の入門講義で、世界中で教えられているその種の科目と何か特別に変わったものがあるわけではない。

つまり、講義は、「ミクロ経済学」と「マクロ経済学」の二本立てでおこなわれるということである。経太が読んだ記事には、ミクロ経済学は、18世紀スコットランドの経済学者アダム・スミスに最も影響を受けたもので、マクロ経済学は、20世紀イギリスの経済学者ジョン・メイナード・ケインズに影響を受けたものとあった。

ミクロ経済学やマクロ経済学の内容はまだ知らないが、「政治・経済」の教科書には、スミスの「見えざる手」やケインズの「有効需要」の簡単な解説が載っていた。マルクスも習ったが、やはりマンキューの講義にはマルクスは出てこないようだ。

経済学の入門講義がスタンダードな理論の解説中心になってもある程度は仕方がないような気がするが、ウォール街占拠運動の人たちは、マンキューがスタンダードに代替するアプローチを無視していると主張していた。だが、マンキューは、その批判に対しては、自分もときどき他から講師をゲストに招き、いろいろな意見を聞くようにつとめてきたと反論している。

経太なりに考えたのは、経済格差の問題やスタンダード以外の代替的アプローチの重要性はよくわかるが、その前に、スタンダードな経済学の内容を知らないことには何にも言えないということだ。マンキューの講義をボイコットした学生たちは、すでにスタンダードな経済学を修得していたのだろうか？

いや、マンキューの講義こそ経済学の入門レベルを教えているのだから、それを途中で放り出したら、スタンダードな経済学を半端にしか学ばなかったことになるのではないか？

そして、出した結論は、まず杉本先生からお借りしたマンキューの教科書を読んでみること、そして、疑問をもったら杉本先生に尋ねてヒントをもらうことだった。そうと決めたら、さっそく経太はマンキューの本を取り出して読み始めた。

経太は、マンキューの本の最初のほうを読んでみた[4]。大学の教科書は難解だろうという先入観をもっていたが、ところが、アメリカの教科書はここまで嚙んで含めるような丁寧な解説をするのかと逆に驚いたくらいだ。

経太は、前に読んだ記事で、「スミスによって最も影響を受けたミクロ経済学」というよう

（注4）　訳書では、『マンキュー経済学①ミクロ編』第3版、足立英之ほか訳、東洋経済新報社、2013年。

な表現が気になっていた。高校の「政治・経済」の教科書では、スミスは、政府に国防や治安維持などの必要最低限の役割しか認めない「夜警国家」観に基づいて、政府が経済活動に介入することを排した「自由放任主義」（レッセ＝フェール）を説いた、というようなことが書かれていた。

スミスの「見えざる手」という言葉も、自由放任主義を象徴する言葉として紹介されていたはずだ[5]。

しかし、マンキューの教科書は、スミスの「見えざる手」を価格の自動調整機能に関連づけて説明していた。それが「ミクロ経済学」なのだろうか？

ともかく、マンキューの解説を読んでみよう[6]。

「1776年に出版された『諸国民の富の性質と原因についての一研究（国富論）』において、経済学者であるアダム・スミスは、経済学のなかでも最も有名な考え方を提示した。市場において相互に影響しあっている家計や企業は、まるで「見えざる手」によって導かれているかのように、望ましい結果に到達しているというのである。本書におけるわれわれの目標の一つは、この見えざる手がどのようにその魔力を発揮するのかを理解することである。

経済学を学習するにつれて、見えざる手が経済活動を導く際の手段が価格であることが理解できるようになるだろう。どの市場においても、買い手は価格をみてどれだけ需要するかを決め、売り手は価格をみてどれだけ供給するかを決める。買い手と売り手の意思決定の結果なので、価格は、各財の社会にとっての価値と、社会がその財を生産するための費用の両方を反映したものとなるのである。スミスの偉大な洞察は、価格が調整されることで、多くの場合、個々の意思決定主体を、社会全体の厚生を最大化するような結果へと導くという点にあった。」

経太は、これは、「政治・経済」の授業で習った「価格の自動調整機能」だと思い出した。財やサービスの買い手（「消費者」または「家計」）は、ふつう、価格が高ければ需要を減らし、逆に価格が低ければ需要を増やす。これが右下がりの需要曲線によって表される。

他方、財やサービスの売り手（「企業」）は、価格が低ければ供給を減らし、逆に価格が高ければ供給を増やす。これが右上がりの供給曲線で表される。そして、需要曲線と供給曲線がクロスする点において「均衡価格」が決定される。これらはすべて「政治・経済」の教科書に出てくる内容である。

高校の教科書をなめてはいけない。経太が付箋をつけた「スミスの偉大な洞察」以下の文章

（注5）『詳説政治・経済』、前掲、110頁参照。
（注6）『マンキュー経済学①ミクロ編』、前掲、16頁。傍線は引用者。

は、「政治・経済」の教科書に次のように書かれていることと全く同じである[7]。

「市場の均衡価格では、買い手が買いたいと思い、買うことのできる財の量と、売り手が売りたいと思い、売ることのできる財の量がつりあっている。ここでは市場参加者全員が満足している。さまざまな市場において財が均衡価格で取引されることにより、社会全体の資源の配分も効率的におこなわれている。」

だが、確かに、それがスミスの洞察だとは書かれていなかった。本当にこれがスミスの言いたかったことなのだろうか。マンキューの本をさらに読んでいくと、ミクロ経済学とは、「家計や企業の意思決定と、特定の市場におけるそれらの相互作用を研究する」分野だと書いてあった[8]。

家計の意思決定とは何をどれだけ買おうかということだろうし、企業の意思決定とは何をどれだけ生産しようかということだろう。だとすれば、ミクロ経済学は、前にみた需要曲線と供給曲線がクロスする点で均衡価格が決まることをもっと厳密に解明しようとする学問に違いない。しかし、この点は、また杉本先生のお宅にお邪魔したときに尋ねてみようと思った。

栄一君に英語と数学を教える日になった。中学の英語や数学は、いまから見ればやさしいが、英文法の基礎や代数・幾何の基礎は決しておろそかにはできないので、ちゃんと教えてあげなければならない。

栄一：「経太先輩は、父と経済学の話をしているって本当なの？」

経太：「うんまあそうだけれど、経済学はまだわからないことが多いので、あとで先生に質問があるんだよ。」

栄一：「〝経済〟のことなら、中学の公民の授業でも少しは習ったけれど。」

栄一君は、そういって、中学で使っている公民の教科書を見せてくれた[9]。なんと、表現はやさしいが、高校の政治・経済で習うこととほとんど同じことが書いてあるではないか！需要曲線も供給曲線も均衡価格も出てくる[10]。中学の教科書もバカにできなかった。もちろ

(注7)『詳説政治・経済』、前掲、119頁。
(注8)『マンキュー経済学①ミクロ編』、前掲、43－44頁。
(注9)『社会科　中学生の公民』帝国書院、２０１８年。
(注10)同書、110－111頁。

ん、マンキューの教科書は中高の教科書よりも分厚いので、もっとたくさんの見慣れない用語や図などが出てくるようだ。

しかし、中学の教科書でも、価格の自動調整機能についての簡単な記述があるくらいだから、それと深い関係のあるミクロ経済学はよほど重要な学問なのだろう。経太は、杉本先生に質問したいことが増えたように思った。

杉本先生は、椅子に座って外国の雑誌を読んでいたが、経太が現れると、さっそく声をかけてきた。

杉本：「マンキューの教科書は少しは読み進めているかな?」

経太：「はい。少しずつ読んでいます。質問したいことがあるのですが。」

杉本：「もちろん、かまわないよ。真剣な目だね。」

経太：「一番引っかかる点をお尋ねします。マンキューの教科書では、価格の自動調整機能を〝発見〟したのがスミスの偉大な功績のように書かれていました。栄一君の公民の教科書をみたら、中学でも価格の自動調整機能について習うようでした。スミスの教えとは本当にそんなものなのですか？」

杉本：「いいところを突いてくるね。感心だ。だが、その質問には、算数のように１＋１＝２のような回答が与えられないのが残念だ。

マンキューだけではないけれども、アメリカの教科書では、スミスは『国富論』の中で「利己心」（self-interest）を強調した経済学者として登場することが多い。各人はみな利己心に従って行動しているが、そのように行動しても市場経済が〝無秩序〟に陥らないのは、〝価格〟が自動調整機能を担っていて、需要と供給を調整してくれるからだと。需要曲線と供給曲線がクロスした点で均衡価格が決まるという考え方は視覚的にもわかりやすいので、中高の教科書にも採り入れられているんだろうね。「見えざる手」という言葉も、その文脈で出てきたのではないかな？」

経太：「そうでした。ある記事で読んだのですが、そのような価格の自動調整機能を解明するのが「ミクロ経済学」なのですか？」

杉本：「基本的にはそう思ってもいい。昔は、ミクロ経済学のことを「価格理論」とも呼んでいたから。「ミクロ」というのは、もう一つの重要な部門である「マクロ経済学」との対比で出てくるので、注意が必要だね。マクロ経済学は、一国全体の経済規模を表すGDP（国内総生産）の決定や、景気循環、経済成長、インフレやデフレなど経済全体にかかわる問題を扱う学問だ。それに対して、ミクロ経済学は、まず個々の経済主体（家計や企業のこと）の行動に注目し、次にそれが市場経済で需要と供給の関係となって現れたとき、どのような「法則」あるいは「理論」が成り立つかを考察する。このように、いまの経済学は、ミクロ経済学とマクロ経済学という二大部門から成り立っている。これ以上はまだ難しいだろうけれども、ミクロとマクロの違いはわかったかな？」

経太：「はい。ミクロだけでなく、マクロも重要だということですね。」

杉本：「私はね、経太君。アメリカではいまだに自由放任主義（レッセ＝フェール）の伝統が根強く残っているので、各人がおのおの利己心に従って行動しても社会全体としては〝調和〟が成り立つという思想をスミスの「見えざる手」と結びつけて、「偉大な洞察」として持ち上げているのではないかと思える。なんといってもスミスの名前は有名だから、利用価値がある。もっとも、こんなことをいうのは、少数派かもしれないけれど。しかし、スミスの思想を自由放任主義と割り切るのは著しい「矮小化《わいしょうか》」だと思うよ。」

経太：「〝矮小化〟とはどういうことですか？」

杉本：「スミスは今では「経済学者」と呼ばれているけれども、本来は、18世紀スコットランドが生んだ偉大な「道徳哲学者」だ。もちろん、スミスの『国富論』も重要だけれども、スミスがヨーロッパ中に有名になったのは、『国富論』というよりは、1759年に刊行された『道徳感情論』の著者としてだということは覚えておいたほうがいいね。」

経太：「そうなのですか！　道徳哲学とはどんな学問なのですか？」

杉本：「その質問に一言で答えるのは難しいけれども、スミスにとっての「道徳哲学」（moral philosophy）は、各人が利己心に従って行動したとしても、社会的に秩序が成り立つのはなぜかを解明することだと言ってもいいね。しかし、その先はまた次の機会にしようか。今日はこれから外出しなくてはならないんだ。」

経太：「わかりました。」

経太は、アダム・スミスのことが気になったので、自宅に帰る途中に図書館に寄って、数冊の本を借りて帰った。

経済学の創設者と思っていたスミスが、本来、「道徳哲学者」だったと。マンキューの教科書では、スミスの名前は「利己心」を肯定した経済学者として登場したが、それと「道徳哲学」はどんな関係があるのだろうか。

図書館から借りてきた本によると、スミスの「道徳哲学」は、「狭い意味での倫理学ではなくて社会哲学原理というべきもの」らしい[11]。「社会哲学」とはどんな学問なのか？　もっと読み進めないと、まだわからないようだ。

だが、この岩波新書には、読み始めるなり経太に重要な示唆を与える記述があった[12]。

「『道徳感情論』ではいうまでもなく、『国富論』でさえも、どのページを開いてみてもただの一度も自由放任という文句にお目にかかることはないのである。私のしらべ方がことによると不十分であるのではないかと逆襲をうけるかもしれないほどに、私のこの断言は一部の読者をびっくりさせるかと思うが、しかしまず私の理解にまちがいはないものと信ずるのである。というのは、スミスの自由思想を自由放任という合言葉で語るようになったのは、スミス自身ではなくて後の亜流や解説者たちだったからである。本家本元のスミス自身はそんな軽薄な言葉や思想とはなんの係り合いもないのであった。利己心にしろ自由主義にしろあるいはまた個人主義にしろ、これらの言葉をただ言葉だけのものとして受けとったり、あるいはただ自分の気もちや感情だけで早のみしたりすると、たいへんまちがったことになり、スミスのような大きな思想家の言説をいともたやすくとりちがえ曲解することになる。日本にいまなお残っている一知半解のスミス像は、この辺でもうきっぱりと清算されてしかるべきではないだろうか。」

やはりそうなのか。経太は、やはり高校の教科書のレベルよりは上の世界があるのを垣間見た気がした。だが、今日は、栄一君の勉強をみてあげたあと、数時間読書をしていたので、少々疲れた。やがて眠気に襲われて、別世界に連れていかれるような……。

そのあとのことは夢物語である。

（注11）高島善哉『アダム・スミス』、岩波新書、1968年、39頁。
（注12）高島善哉『アダム・スミス』、前掲、3－4頁。

第2章

グラスゴウ大学の道徳哲学者に会う

経太は夢の中でよく知らない国に来ていた。道行く人の喋る言葉は英語のようだったが、恐ろしく聞き取りにくい。本当に英語なのだろうか。イギリスなら自分でも知っているロンドン塔やウェストミンスター寺院があってもよさそうだが、それらはどこにも見当たらない。ここはロンドンではないのかもしれない。

ある商人が、ジェームズ・ワット（1736–1819）という人物がグラスゴウ大学内に小さな工房をもつことを許されたことを話していた。ジェームズ・ワット！　その人物なら、のちに蒸気機関の改良に成功し、産業革命の引き金を引いたワットに間違いない。

アダム・スミスの解説書を読んだとき、ワットとスミスが同じグラスゴウ大学にいた時期があったことが書いてあった[1]。

経太は世界史で習ったことを反芻《はんすう》していた。ハーグリーヴズのジェニー紡績機、アークライトの水力紡績機、クロンプトンのミュール紡績機など、18世紀後半から発明続きで、さらにこれにカートライトの力織機の発明やワットの蒸気機関の改良などが現れ、綿工業における生産効率は飛躍的に高まったのだった[2]。

スミスは1790年には亡くなっているので、その後の機械制大工業の発達や、19世紀に入ってからの展開（スティーヴンソンの蒸気機関車、アメリカ人フルトンによる蒸気船の試作など）は知らなかったはずだが、いずれにしても、スミスが生きていたイギリスは「産業革命」の夜明けに当たっていたのだ。

「イギリス」と言ってしまったが、グラスゴウはスコットランドにあったことに気づいた。念のため、18世紀のイングランドとスコットランドの合同はいつだったのか思い返してみたが、確か１７０７年のはずだから、もう大ブリテン連合王国になっていた（以下、スコットランドとイングランドを区別する必要があるとき以外は、「イギリス」と記述する）。

１７２３年6月5日、スコットランドの東海岸にあるカーコーディという町に生まれたスミスは、イングランドとスコットランドの合同後に生まれていることになる。

しかし、少し前までは別の国だったのだから、多少の摩擦はやむを得ないだろう。世界史では、その後も、スコットランドのスチュアート王朝復興を掲げたジャコバイトの反乱（１７１5年と１７４5年）があったことを教わった。

スコットランドには、もともと、内部の平地（ロウランド）と北部の高地（ハイランド）の間に貧富の格差があったが、イングランドとの合同によってもその問題は解決されなかったので、ハイランドからの不満が反乱となって爆発したのだ。

イングランドとの合同がマイナス面しかもたらさなかったとしたら、それは長続きしなかっただろう。けれども、合同によってスコットランドもアメリカや西インドなどの植民地貿易に

（注1）　高島善哉『アダム・スミス』岩波新書、１９６8年、37頁。

（注2）　『詳説世界史B』山川出版社、２０１6年、242-243頁参照。

参加できるようになり、グラスゴウとその周辺の地域も、次第に経済的利益を享受できるようになった。そのような経済発展が、自由で進歩的な雰囲気を創り出し、学問の発展をもたらしていった。

スミスの伝記や解説書を読むと、商業化がある程度進んだ社会における人間性と道徳のあり方を考える「道徳哲学」という学問は、スコットランドのこの時期に起源があると書いてあった[3]。

そういう問題について考察したのは、「スコットランド啓蒙思想家」と呼ばれているらしい。スミスの師であったフランシス・ハチスン、デイヴィッド・ヒューム、ウィリアム・ロバートスンなどだが、スミスもこの系譜に連なる思想家だったのだ。

考え事が長くなってしまった。そうだ！　このグラスゴウの大学で、アダム・スミスは教壇に立っているのだった。講義に潜《もぐ》り込んで聴いてみよう。こんなところでタブレットを使うのは反則だが、右も左もわからない知らない街に来たのだ。仕方がない。経太は懸命にグラスゴウの街や大学の情報を探した[4]。

グラスゴウ大学は1451年設立というから、歴史の古い大学だ。スミスの時代は、大学はハイストリートにあったが、1870年にギルモアヒルに移転している。とすれば、スミスの時代にはまだハイストリートにあるはずだ。

日本の都心にある大学しか見たことのない経太の目には、大学というよりはお城のような建築が姿を現した。この大学でスミスが教えていると思うと、ドキドキしてきた。

スミスは、グラスゴウ大学に学んだあと、奨学金を得てオックスフォード大学の門もくぐったが、かの地での学問が沈滞していることに失望し、5年ほどで故郷に戻ってきた。ただ、オックスフォードの図書館だけは充実していたので、そこで好きな本をたくさん読んでいた。スミスは相当の学識を身につけていただろう。

やがて1748年冬以来、三度にわたってエディンバラで修辞学と文学に関する公開講義をおこない好評を博した。

その評判のおかげで、1751年、グラスゴウ大学倫理学教授に任命され、翌年には、道徳哲学講座の担当者が亡くなったので、その後任者となった。スミスは、「忘れ得ぬ恩師」と呼んだハチスンがラテン語ではなく英語で講義したのに倣ったが、やがてスミスが生涯をかけて改訂に専念することになる『道徳感情論』（1759年）が出版された[5]。

（注3）水田洋『アダム・スミス』講談社学術文庫、1997年参照。

（注4）最近は、留学したい大学を案内する親切なウェッブサイトがいくつかある（2019年2月9日アクセス）。
http://www.beo.co.jp/schoolreport/uk-glasgow-2018.html

（注5）この本は、スミスが亡くなる年（1790年）の第6版まで版を重ねていくが、各版対照は本書の関心からそれるので、専門家に委ねる。

その著作はヨーロッパ中の知識人階層に広く読まれ、道徳哲学者としてのスミスの名声はいやがうえに高まったのだ。

さて、スミスが教壇に立った。彼は、『道徳感情論』の冒頭の言葉を、ゆっくり朗読するような形で話し始めた[6]。

「人間というものをどれほど利己的とみなすとしても、なおその生まれ持った性質の中には他の人のことを心に懸けずにはいられない何らかの働きがあり、他人の幸福を目にする快さ以外に何も得るものがなくとも、その人たちの幸福を自分にとってなくてはならないと感じさせる。他人の不幸を目にしたり、状況を生々しく聞き知ったりしたときに感じる憐憫や同情も、同じ種類のものである。他人が悲しんでいるとこちらもつい悲しくなるのは、じつにあたりまえのことだから、何を挙げて説明するまでもあるまい。悲しみは、人間に生来備わっている他の情念同様、けっして気高い人や情け深い人だけが抱くものではない。こうした人たちはとりわけ鋭く感じとるのかもしれないが、社会の掟をことごとく犯すような極悪人であっても、悲しみとまったく無縁ということはない。」

経太は仰天した。スミスは、「利己心」に従って行動すれば社会全体の利益にもなることを主張した「経済学者」ではなかったのか？　たしかに、政治・経済やマンキューの教科書には、そのような記述があった。だが、「道徳哲学者」としてのスミスの講義は、極悪人でもいくらかは憐憫の情を感じるものだという趣旨の言葉から始まっていた。

経太は、こんなことはとりたてて大学の講義で教わらなくてもわかっているとは思いながら、スミスが何を言おうとしているのか、よく聴いてみようと思った。『道徳感情論』の著者なのだから、人間の「感情」について何かほかの人たちが言わなかったことが含まれているに違いないと。

スミスは、淡々と話し続ける[7]。

「私たちは、他人が感じていることを直接体験するわけにはいかない。したがって、同じような状況に置かれたら自分自身はどう感じるかと思い浮かべてみない限り、他人がどんなふうに感じているのかはわからない。仲間が拷問の責め苦に遭っているのに、こちらがのんきに暮らしていたら、どれほど苦しんでいるかを感じとることはできまい。私たちの感覚は自分の体から抜け出すことはできないし、それをした人もいないのである。仲間の感じ方をいくらかでも知ることができるとしたら、それは想像によるほかはない。その想像にしても、自分がその

（注6）アダム・スミス『道徳感情論』村井章子・北川知子訳（日経ＢＰ社、２０１４年）57－58頁。

（注7）同前、58頁。

立場だったらどう感じるだろうかと思い描く方法でしか、役には立たない。想像の力でなぞれるのは、他人の感覚が感じとったことではなく、あくまで自分の感覚が感じとることだけである。」

この道徳哲学者は、私たちがたとえば他人の苦しみについて何らかの「イメージ」を形成できるのは「想像力」があるおかげだと言っているようだ。

それは理解できる。仲間が拷問されているという極端な例を挙げずとも、自分の妹が足を挫いたとき、「それは痛いだろう」とイメージできるのは、自分が足を挫けばどれだけ痛いかを「想像力」によって思い浮かべられるからだ。

だが、妹を可哀想だと思ったとしても、彼女の痛みをそのまま同じ程度に自分でも感じることは難しいだろう。スミスはさらに続ける[8]。

「想像力の働きによって自分の身を仲間の状況に置き、自分自身がまったく同じ拷問に耐えていると考え、言うなればその体に乗り移って多少なりとも身代わりになったなら、当人がどう感じているかも少しはわかり、そう大きくはちがわないある種の感情すら、かすかながらも抱くにいたるだろう。仲間の苦しみを自分の身に引きつけ、自分自身の苦しみとして受け入れたとき、その苦しみは私たちを揺さぶり始め、仲間が何を感じているかに考えがおよんで震えおののく。何であれ実際に苦痛や苦難に襲われればとめどなく悲しくなるが、そのような状況に置かれたと想像するだけでも、ある程度は同じ情がかき立てられるものである。その度合いは、想像の鮮明さに応じてちがってくる。」

どうやらスミスは、私たちは想像力があるおかげで、他人の境遇に身を置いて考えることができるのであり、そうして初めて他人の苦しみを感受性に応じて自分でも思い描くことができるのだと言いたいらしい。経済学というよりは心理学の講義のようだ。

経太は、他人に対する憐憫の情、悲しみ、苦しみなど、スミスがいろいろな例を挙げるうちに、「同感」(sympathy)という言葉が出てくるようになったことに気づいた。sympathy という単語は英語で最初に習ったときは「同情」の意味で出てきたが、スミスの解説書に、この場合は「同感」と訳すほうが当たっていると書いてあったのを思い出した。「同情というと、私たちは人の不幸に同情したり、人の悲しみに同情したり、マイナスの意味で使っているが、スミスがいうのはただそれだけではない。私たちは人のよろこびに同情?したり、人の成功に同情?したりすることもできるはずだ。だからこれは同感と訳すべきものなのである」と[9]。

(注8) 同前、58-59頁。
(注9) 高島善哉『アダム・スミス』、前掲、71頁。

そうだ。sympathyは「同感」なのだ。わかりやすくなってきた。

教壇のスミスは、たたみかけるように語り続ける[10]。

「他人の悲しみや喜びに思わず同感を覚えたときでも、その原因がわかるまでは、心からの同感を抱くにはいたらない。不幸に見舞われた人がひたすら嘆き悲しんでいる場合、心から同感するというよりは、いくらか気の毒に思いながらも、なぜそうなったのかしりたいと好奇心をそそられるものである。そしてまずは「あなたの身にいったい何が起きたのか」と問う。この問いに答が得られるまでは、その人の不幸が漠然と察せられるうえ、それがどんなものかと憶測して頭を悩ませるので心は穏やかではないにしても、同感はさほど強くない。」

「こうしたわけで、同感は情念の表出を見たために生じるのではなく、それをかき立てた原因を知ることによって生じると言えよう。ときに私たちは他人になりかわって、その人が抱くはずもないような感情を抱くことがある。これは、自分自身をその人の状況に置いてみたとき、実際に当人はそう感じていなくとも、想像によってその感情が私たちの胸中に芽生えるからである。たとえば他人が厚かましい行為や無作法な行為をしたとき、当の本人は自分のふるまいが不適切とはとんと感じていないように見えるのに、こちらは赤面してしまうことがある。これも、自分がそのように見苦しい行動をとったら、どれほどいたたまれない思いをするかと考えずにはおれないからだ。」

スミスが言うには、他人が悲しみに沈んでいるとき、私たちは「同感」よりも前に、なぜそんなに悲しんでいるのかが知りたいと思う。もっともなことだ。

したがって、悲しみや逆に怒りのような情念は、それを生じさせた「境遇」がわからないと、彼の心の中に入っていくことが難しい。

経太は、スミスが話している内容は、注意して聴いていけば、理解不能というほど高度なものではないと思った。むしろある程度教育を受けていれば誰でもわかる内容である。経太は、人間の感情の中で「同感」が果たす役割は十分に理解したつもりだが、スミスはここから私たちをどこへ導こうとしているのだろうかと考え込んだ。

「同感」が自分と自分とは違う他人との間で生じるのなら、それはある意味で当たり前のことで、一冊の本を書くまでもないのではないか。だが、ここまで考えて、経太はスミスがまだ「社会」について何も語っていないことに気づいた。

そうだ。道徳哲学は社会哲学でもあると解説書に書いてあったのを忘れていた。「同感」が

(注10)　アダム・スミス『道徳感情論』、前掲、62-63頁。ただし、訳書にある「共感」は、経済学史の慣例に従って「同感」に置き換えた。

個人間を超えて「社会」にまで広がっていくプロセスはどういうものだろうか。

さすがにスミスはその辺は心得ていて、少しずつ聴衆を自分の世界へと引き込んでいく[11]。

「人間は他人を思いやるように生まれついているとはいえ、他人の身に起きたことについて、当事者に自ずと湧いてくる情念を同じ度合いで抱くことはあり得ない。想像上の立場の置き換えが同感を呼び覚ますとしても、それは長続きせず、自分自身は被害者ではない、自分は何も苦しんでいないという考えが絶えず心の中に侵入してくる。そうした考えが浮かんだからといって、当事者とある程度まで似通った情念を抱く妨げにはならないものの、当事者に近い激しさで抱くことはできない。当事者はこのことを敏感に察し、相手が完全な同感を抱くことを切に願う。当事者が渇望する安らぎは、観察者の心情が自分と完全に一致したときにしか得られない。」

「つらく激しい情念にとらわれている当事者にとっては、観察者の心に浮かぶ情があらゆる点で自分と同調しているとわかっていることだけが、唯一の慰めとなるのである。だがその願いが叶うのは、観察者が同調できるような程度まで当事者が自分の情念を抑えたときだけである。言うなれば、自然にほとばしる勢いの鋭さをやわらげ、周囲の人々の感じ方と調和するところまで弱めなければならない。とはいえ観察者が抱く感情は必ず当事者とはいくらか異なるものであり、彼らの同情が当事者のもともとの悲しみとぴたりと一致することはあり得ない。というのも観察者は、同感を呼び覚ます立場の置き換えが想像上のものにすぎないことを密かに意識するからである。この意識のせいで感情の度合いは弱まり、変質し、当事者とはかなり異なったものになる。それでも両者の感情は、社会の調和を保つうえで十分な程度に一致していることはまちがいない。両者の感情は同じ音を奏でるのではないにしても、協和音にはなっており、社会で望まれ求められるところは十分に満たしている。」

そうなのだ。経太は、スミスが右の強調部分を読み上げるとき、ピンとひらめいた。人間は他者との間に「同感」を介して結びつこうとする場合、自分の感情をある程度「自己抑制」しなければならないのだと。

「他者」にもいろいろある。たとえば、親密な順に、親しい友人、単なる知人、見知らぬ他人というものを考えることができるだろう。この場合、親密さが減じる程度に応じて、より多くの「自己抑制」が必要なはずだ。

スミスは、人間が見知ったごく少人数の間にいるときよりも、見知らぬ人の多い大きな社会の中にいるときのほうが、自分の感情をより多く抑制できなければ社会の調和を保てないと

（注11） 同前、83－85頁。傍線は引用者。

言っていることになる。

それにしても、道徳哲学とは、こうも人間の感情についてあれこれ思索を重ねないといけない学問なのか。経太はそう思ったが、スミスはたとえ話をするのが巧みなので、自然と引き込まれる。

この時代は、経太が生きている現代と違って、いろいろな学問がまだ出来上がっていないというか、誕生前夜に当たっているので、講義もマンキューの教科書のようなパターン化された内容ではなく、学生と一緒にものを考える、教授も考えながら話しかけるというスタイルが多いのだろうか？　と思った。

スミスは、冷静さを保ちつつも、学生の反応をみながら微妙に声の調子を変えている。今日の講義は終わりに近づいたのか、次第に熱を帯びてきた[12]。

「はた迷惑も考えず溜め息をついたり、泣いたり、ぐずぐずと嘆いたりしてこちらの同情を誘おうとするおおげさな愁嘆場《しゅうたんば》を見ると、私たちはうんざりする。だが毅然と抑制された無言の悲しみには敬意を抱く。そうした悲しみは、泣きはらした目、震える唇や頬、そして控えめだが心を打たずにはおれない物静かなふるまいの中にだけ、表れる。このような悲しみを前にすると、私たちは気圧され沈黙する。」

「同様に、傲慢で凶暴な怒りを抑えも堪えもせず荒れ狂うにまかせている様子ほど、いやなものはない。逆にどれほどひどい危害を加えられても、怒りを気高く寛容な程度にとどめるなら、賛嘆の的になる。このような人は被害者の胸に燃え上がりがちな憤怒に身を委ねず、中立な観察者が自ずと抱く義憤によって加害者への追及を抑制するのだし、中立な観察者の感情が許す以上に怒りを表すような言動はけっしてしない。またたとえ想像の中であっても、無関係な人が好ましく思う以上の復讐を企てるとか刑罰を望むといったこともない。」

「このように、他人のことには深く心を動かし自分のことにはほとんど動かさないこと、利己心を抑え博愛心を発揮することこそが人間本性の完成にほかならない。このことだけが人々の間に感情と情念の調和をもたらし、礼節に適った適切なふるまいを成り立たせる。「汝のごとく汝の隣人を愛せよ」とはキリスト教の偉大な教えであるが、隣人を愛する以上に自分を愛してはならない、あるいは同じことだが、隣人が愛せる以上に自分を愛してはならないというのは、自然が定める偉大な教えと言えよう。」

経太は、スミスが「中立な観察者」という言葉を使ったとき、一瞬飛び上がりたいような興

（注12） 同前、89－90頁。傍線は引用者。

奮を覚えた。ようやく今日の講義の核心が理解できたように思った。

スミスは、決して人間の「利己心」を否定はしない。だが、自分ひとりではなく、社会の中で生きるには、各人は「中立な観察者」がみて「同感」できる程度に自分の感情や行動を自己抑制しなければ社会的な秩序が成立しない。

逆にいえば、各人は「利己心」に従うとしても、その行動や感情が「中立な観察者」がみて「同感」できる程度に自己抑制されていれば、社会はカオスに陥ることなく、十分に調和が保てるというわけだ。

強調部分は何度読み返してもよいくらい今日の収穫だった。高校の政治・経済で習った「自由放任主義者スミス」という図式化は著しく誤解を招きやすいものだった。

もちろん、いまは、スミスの道徳哲学のほんのさわりを習っただけだから、のちの著作（たぶん『国富論』）で経済的自由主義を強く打ち出しているのかもしれないが、その基礎には、人間感情を深いところから理解する道徳哲学者スミスの目が生きているはずだから、単なる自由放任主義ではないのではないか？

そんなことを考えていたら、教室を出たとき、バッタリとスミスに遭遇してしまった。

スミス：「君は見慣れない学生だが、先ほどから熱心に私の講義を聴いていたようだね。」

経太：「はい。「道徳哲学」とは何かが知りたくて博士の講義に「潜《もぐ》り込み」ました。」

スミス：「「潜り込み」というのはよくわからないが、私の話は理解できたかね？」

経太：「自信はありませんが……。私は、人間の「利己心」を否定せずに、どのように「利他心」や「博愛心」などを思想体系のなかに組み込むことができるのかが気になっていました。博士の「中立な観察者」という言葉が出てきたときには、本当に感動しました。」

スミス：「君は私の『道徳感情論』を読んだことがなかったのかね？」

経太：「申し訳ありません。恥ずかしながら、読んでおりませんでした。」

スミス：「正直でよろしい。君は「利己心」と言ったが、「利己心」のない人間はいないものだ。しかし、各人がおのれの「利己心」のままにふるまったら、社会はカオスに陥ってしまう。そのような「利己心」の暴走にブレーキをかける役割を演じるのが、「中立な観察者」の「同感」だ。」

経太：「人間が社会の中に生きる以上、おのれの感情や行動を「自己抑制」しなければならないということがよくわかりました。人間同士が「競争」する場合も、そのような「自己抑制」が前提となっていると考えてもよいでしょうか？」

スミス：「その通りだ。君はまだ私の本を読んでいないようだから、その該当部分を読み上げてあげよう。」

スミスは手元にある『道徳感情論』を開いて、次の部分を読み上げた[13]。

「富や名誉や出世を巡る競争では、競争相手を追い抜くために力をふりしぼって走り、あらゆる神経を研ぎすまし、あらゆる筋肉を使ってよい。だが競争相手の誰かを突き飛ばしたり、押し倒したりすれば、観察者はすっかり愛想を尽かす。それはフェアプレーの精神に悖《もと》る行為であり、とうてい容認できないからだ。」

経太はますます引き込まれた。そうだったのだ。「競争」といっても、「中立な観察者」が「同感」できないような行動は決して許されないのだ。以前、食品偽装問題が発覚したとき、ある経営者が「利益追求のためでした」と謝罪しているのをテレビで見たことがあるが、こういう人は、そもそも、経営者失格なのだ。「自由競争」と「自由放任主義」は違うのだ！

経太：「ありがとうございます。もっと勉強してみようと思います。」

スミス：「君はなかなか熱心な聴講者のようだね。いつかまたお目にかかろう。」

そう言ってスミスは立ち去った。グラスゴウまで来て、スミスの講義を聴くとは思わなかったが、しかし、21世紀に生きている自分が18世紀スコットランドの都市にまで行けるはずがない。もしかしてこれは……。と思ったとき、経太は夢から覚めた。

昨夜は、スミスの伝記やら解説書やらを何冊か読んでいるうちに眠気が来て、いつの間にか、夢の世界に入ってしまった。だが、スミスが講義で話したことは、手元にある数冊の本のどこかに確かに書いてあることで、支離滅裂な夢を見たのでは決してなかった。

一番の収穫は、『道徳感情論』のスミスが、「中立な観察者」の「同感」を介在させることによって各人の感情や行動に「自己抑制」がかかること、そうしなければ社会の秩序が崩れてカオスに陥ってしまうと指摘していたことを確かめたことだった。

（注13）　アダム・スミス『道徳感情論』、前掲、216頁。

のちの著作である『国富論』の全貌はまだわからないが、「自由競争」といっても儲けるためには何でもやってもよいということではないことだけは、『道徳感情論』の内容からも予想できた。

今度、杉本先生のお宅にお邪魔するときには、スミスの道徳哲学がほんのちょっとわかったような気がすると報告しよう。しかし、スミスが、『道徳感情論』から『国富論』へと進んでいった背景は、まだ勉強が足りないのでわからない。学ぶべきことはたくさんあるようだ。

第3章

経済学生誕の地は
イギリスかフランスか?

経太は、杉本先生のお宅を訪問する前に、政治・経済の受験参考書やジュニア用の名著解説のような本をながめてみたが、どれもこれも、スミスが「自由放任主義者」として紹介してあったので、ガッカリした。

大人は高校生の学力をなめているのだろうか？　ちょっと不愉快にも思ったが、偉大な思想をチャート化して暗記させやすく教える「長年の習慣」だとしたら文句を言っても仕方がない。それよりも、栄一君は学校の定期試験前だというから、英語と数学を重点的に教えてあげなければならない。その仕事は、栄一君が賢いので割と楽な仕事だったが、いまは、栄一君が数学や英語の問題を解いている合間に、中学の公民や歴史の教科書を読むのが楽しみになった。

中学生に何でもかんでも教えるのは無理だろうが、経太は、中学の教科書は細かい問題点はあっても非常によく書けているのではないかと思った。今日は、歴史の教科書で「産業革命」のところを読んでみた[1]。

「イギリスでは、17世紀に、東インド会社を通じて輸入されたインド産のうすくて軽い綿織物が人気を集めました。この人気に応じて、18世紀には国内でも綿織物工業がおこり、綿織物をより早くより安く大量につくるために、紡績業や機織機が次々に発明されました。18世紀の終わりには蒸気機関がそれらの機械の動力として使われるようになり、工場での綿織物の生産力はいっそう増大しました。さらに、製造業、造船業、機械工業などの重工業も発達するようになり、原料となる鉄・石炭や、工業製品を、定期的に大量に各地へ運ぶことが必要になりました。そのため、道路や運河の整備が進むとともに、蒸気機関を利用した蒸気船や鉄道もつくられ、新しい都市の発達がうながされました。
こうしてイギリスは、工業中心の社会へと大きく変化していきました。この変化を産業革命といいます。」

試しに誰か大人に尋ねてみてもよいが、経太は、「産業革命」について右のような的確な説明をしてくれるとは限らないと思った。もっと読んでみようとしたら、栄一君が幾何の問題で苦戦しているのをみてストップした。
杉本先生は書き物をしていたが、私の顔を見ると、ちょっとそこに腰かけて待っているようにと言った。書斎は和洋漢の書籍でいっぱいの、いかにも学者らしい趣があったが、先生はいつこんなたくさんの本を読んだのだろうか。学者になるのも大変なようだ。

杉本：「待たせたね。たしか、この前は、スミスの道徳哲学に入るところで終わったかな？」

（注1）『社会科　中学生の歴史』帝国書院、２０１８年、142頁。

経太：「はい。あれから、図書館で借りてきた本で少しは勉強して、スミスが『道徳感情論』の中で、「中立な観察者」がみて「同感」を得られる行動や感情でないと社会的に是認されないと言っていることを知りました。「利己心」は否定されていませんが、マンキューの経済学の教科書や高校の政治・経済の教科書は、スミスがまるで「利己心」だけを強調したかのように誤解されかねない記述をしていると正直思いました。」

杉本：「大したものだ。私は、スミスは自分のことを一生「道徳哲学者」だと自負していたと思うね。スミスの道徳哲学講義は、四つの部門から成り立っていたんだ。これは確かな証言がある。」

杉本先生は、書棚から、デュゴールド・ステュアート著『アダム・スミスの生涯と著作』福鎌忠恕訳（御茶の水書房、１９８４年）という本を取り出した。先生は、該当部分を読んで下さった[2]。

「論理学教授に任命されて約一年ののち、スミス氏は道徳哲学講座の担当者に選任された。この主題に関する氏の講義課程は四部門に区別されていた。第一部門は自然神学を含んでいた。この中で氏は神の存在と諸属性の証明、および宗教の基礎となっている、人間の心の諸原理を考察した。第二部門は厳密な意味でそう呼ばれている倫理学を包括し、氏がのち『道徳情操論』の中で発表した学説から主として成り立っていた。第三部門では氏は正義に関連していて、精密で正確な諸規則と相容れ、まさにその理由によって十分で特殊な説明が可能な道徳分野をさらに長く取扱った。……

氏の講義の最後の部門では、氏の正義の原理にではなく、便宜の原理に基づいている。かつ一国家の富、権力および繁栄を増大するよう計算されている政治的諸規制を検討した。この観点から、氏は商業、財政、教会的および軍事的諸施設に関する政治的諸制度を考察した。これらの諸主題に関して氏が論述したことは、氏がのち『諸国民の富の性質および諸原因に関する研究』という表題のもとに公刊した著書の実質を含んでいた。」

杉本：「スミスの道徳哲学講義のうち、「自然神学」が具体的にどんなものだったかは、残念ながら史料が残っていないんだ。しかし、「倫理学」の内容は、『道徳感情論』（*The Theory of Moral Sentiments*）を読めばおおよそつかめる。訳文に、『道徳情操論』とあるけれども、いまは『道徳感情論』と訳すことが多いと思う。ここで、「正義」とあるのは、のちに講義録から編纂《へんさん》されて『法学講義』として世に出ることになった。最後の「便宜」

（注2）『アダム・スミスの生涯と著作』、前掲、11－12頁。

の原理が、のちに『国富論』の中で展開されたものだ。『国富論』も正確な書名は『諸国民の富の性質および諸原因に関する研究』（*An Inquiry into the Nature and Causes of the Wealth of Nations*）だが、ふつう略して『国富論』（*The Wealth of Nations*）と呼んでいるね。」

経太：「そんなに壮大な体系なのですか？」

杉本：「まあ、そうだね。しかし、特別に高度なことを言っているわけではないと思う。経太君が感心した「中立な観察者」の「同感」は、『道徳感情論』の「肝」だけれども、「同感」が得られるように自己の感情や行動を抑制することは、高徳のある人や仁愛にあふれた人にしかできないわけではなく、社会の中に生きるふつうの人でもできることだ。『道徳感情論』では、スミスは、そのような市民社会の「モラル」を語っていると考えておけばいいんだよ。」

経太：「それはわかりますが、「正義」はどのような文脈で出てくるのでしょうか？」

杉本：「スミスは、『道徳感情論』の中で、「徳」について語っているけれども、「正義」は、

「慈恵」的な徳と違って、それがなければ社会の基礎が瓦解するほどの特殊な意味での徳であり、それは強制力をもって遵守させなければならないという趣旨のことを言っているね。その「正義」を論じたのが『法学講義』なんだ。」

経太：「なるほど。その次が『国富論』ということは、最後に経済学が出てくるわけですね。」

杉本：「その通り。「正義」の原理に基づく法制度が整備されたとしても、国民が経済的に貧しければ、「正義」はガタガタになってしまう。そこで、スミスは、国民が経済的な「独立」を達成することが犯罪防止の最善の策だと考えるに至ったわけだ。」

経太：「経済学が道徳哲学体系の中の最後に出てきたことはよくわかりました。スミスが「経済学の父」と呼ばれるようになったことも。」

ところが、経太には、杉本先生が、なぜかニヤニヤしているように思えた。何か変なことを言ったのだろうか？

杉本：「経太君、実は、スミスは「経済学の父」ではないという有力な説があるんだ。フランスにスミスも大変に尊敬していたフランソワ・ケネー（1694-1774）という高名な外科医がいた。外科医としての腕を買われて、ヴェルサイユ宮殿の中二階に部屋を与えられたほどだ。しかし、当代一流の知識人たちと交流するうちに経済問題に関心をもって、1758年、密かに『経済表』という本というよりも文字通りひとつの「表」を描いた。『経済表』は、一説には、ハーヴェイの血液循環説にヒントを得て、ケネーが一国内のモノと貨幣の循環を表現したものと言われているけれども、これが「経済科学の創造」であったと主張する学者もいる。意外にスミスもフランスびいきだったんだ。」

経太：「ケネーという名前は初めて聞きました。まだ勉強が足りないようです。」

杉本：「いやいや。経太君の好奇心は大したものだよ。ケネーの本はそこらへんにあるので、自由に持って行きなさい。返すのはいつでもいいから。」

経太：「ありがとうございます。」

杉本先生のお宅からの帰り道、経太は、イギリスを含めたヨーロッパの学問は奥が深いと思った。アダム・スミスがケネーを大変に尊敬していた。スミスが道徳哲学者だったというのも意外だったが、ケネーが外科医だったという事実も面白い。

杉本先生から借りてきたH・ヒッグズ『重農学派』住谷一彦訳（未来社、1979年）によると、ケネーは、外科医として名声を買われてヴィルロア公爵の侍医となったが、有力な貴族の知遇を得て、1749年春にはエストラード伯爵夫人の斡旋でフランス国王ルイ15世の寵妃ポンパドゥール侯爵夫人付きの侍医として、ヴェルサイユ宮殿の「中二階の部屋」に居住するようになった。のちには、国王の侍医も兼ねたというから、大変な出世だ。

ルイ15世治下のフランスといえば、まだフランス革命前の「旧体制」（アンシャン＝レジーム）の時代だ。経太は、世界史の教科書を引っ張り出して、改めて読んでみた[3]。

「革命以前の国民は、聖職者が第一身分、貴族が第二身分、平民が第三身分と区別されたが、人口の9割以上は第三身分であった。少数の第一身分と第二身分は広大な土地とすべての重要官職をにぎり、免税などの特権を得ていた。各身分のなかにも貧富の差があり、とくに、第三身分では、その大部分を占める農民が領主への地代や税の負担のために苦しい生活を送る一方、商工業者などの有産市民層はしだいに富をたくわえて実力を向上させ、その実力にふさわしい

（注3）『詳説世界史B』山川出版社、2016年、248頁

待遇をうけないことに不満を感じていた。そこに啓蒙思想が広まり、1789年初めには、シェイエスが『第三身分とは何か』という小冊子で、第三身分の権利を主張した。」

ケネーは高貴な出自ではないが、ヴェルサイユ宮殿の中二階の部屋に住んで、ポンパドゥール侯爵夫人が開いていた知的サロンで当代一流の哲学者や知識人たち（ダランベール、ディドロ、コンディヤックなど）と交流したらしいので、外科医としての立場を超えて、哲学や経済問題に対する関心も生まれてきたのだろう。

そして、1758年、『経済表』の第一版を発表した。いや、「発表」したといってもよいのか。というのは、これはヴェルサイユ宮殿の地下にある印刷所で印刷されたものだからだ。

この表には版によっていくらか違いはあるが、「社会的富の再生産」の過程を独自のジグザグ表で描いたとある。たしかに、杉本先生から借りてきた本にもその表が載っているのだが、それが何を意味しているのか、まだよくわからない。

そもそも、「重農学派」という言葉は何なのかと思っていたが、これは本来「フィジオクラシー」（＝「自然の支配」の意味）の訳語「重農主義」から来ているらしい。重農主義という言葉が定着したのは、ケネーが唯一の生産的産業としての「農業」を極めて重視してからだと。

農業しか「生産的」ではないというのは、恐ろしく狭い見方だが、そこには何か理由があるのだろう。経太は、ケネーが生きていたフランスの経済状況を調べてみた。そして、自分なりにいろいろな本を読んでみて、以下のような事情があったことを知った。

かいつまんでいうと、ケネーが登場する以前のフランスでは、「重商主義」に基づく経済政策が推進されていた。重商主義は、「貨幣（金や銀のような貴金属）＝富」という考え方から、貨幣の形で貿易差額（輸出額から輸入額を引いたもの）を稼ぐことが最優先された。

そのために、国内の産業を保護育成し、国際競争力を強化する一方で、輸入を抑えるために高い関税をかけたという。フランスでは、ジャン・バティスト・コルベールという財務総監（「財務大臣」に当たる人だと思えばよい）がその責任者だったので、「コルベール主義」とも呼ばれていた。

経太は、ここには、「農業」が全く出てこないことに気づいた。そうだ。外国貿易では、高級織物、ガラス、陶器などの奢侈品《しゃし》（ぜいたく品のこと）のほうが儲けを稼げるから、農産物がおろそかにされるわけだ。農業が痛めつけられて奢侈品産業ばかりが栄えるということか。

今日もいろいろ勉強したな。経太は、ケネーが中二階の部屋を与えられたというヴェルサイユ宮殿を想像した。あれは、フランスとスペインの合作映画『マリー・アントワネットに別れを告げて』（2012年公開）だったか。マリー・アントワネット役の女優ディアー・ネ・クルーガーに仕える朗読係の女性の目で見たフランス革命前後の物語だった。

映画だとリアルに迫ってきたが、実際の宮殿はどんなものだったのか。フランス旅行を紹介するウェッブサイトには、世界文化遺産に登録されている現在のヴェルサイユ宮殿の様子がたくさん紹介されている[4]。映画にも「鏡の間」の舞踏会のシーンがあった。庭園も豪華で素晴らしい。想像がふくらむ。

しかし、夜も更けたので、眠りにつくとしよう。………

＊　＊　＊

インターネットで見たのと同じ宮殿の前にきている。しかし、間違っても、「王室礼拝室」などには紛れ込まないように（見つかったら命さえ危ないはずだ）、慎重に「中二階の部屋」を探す。だが、どこにあるのか。また反則業だが、タブレットの見取り図を手がかりに探していくと、それらしき部屋をようやく見つけた。ドアは空いている。

何かの本に載っていたケネーの写真と似ている人物が考え事をしている。最初、経太には気づかなかったが、しばらく経太が『経済表』らしき表をみていると、後ろから声をかけてきた[5]。

ケネー：「その表がそんなに面白いかね。」

経太：「勝手に入って申し訳ありません。不思議な表なので、見とれていました。」

ケネー：「その表が読めるのは、まだ数人しかいない。君のような若者がわからなくても当然だ。」

経太：「真ん中の地主階級の収入が、左側の生産階級と右側の不生産階級に半分ずつ支出されているのはわかりますが。」

ケネー：「君は賢いな。しかし、表を見る前に、「フィジオクラシー」の根本がわかっていなければならぬ。」

経太：「農業だけが「生産的」で、製造業や商業などは「不生産的」だという考えのことでしょうか？」

ケネー：「もちろん、それもある。「純生産物」（売上価値から必要経費を引いたもの）を生

（注4）たとえば、以下のようなウェッブサイトを参照（２０１９年2月19日アクセス）。
https://www.his-j.com/tyo/tour/france/versailles.html

（注5）『ケネー経済表』平田清明・井上泰夫訳（岩波文庫、２０１３年）36頁。

経 済 表［原表第三版］

考察すべき対象 (1)三種類の支出 (2)それら諸支出の源泉 (3)それら諸支出の前払 (4)それら諸支出の配分 (5)それら諸支出の帰結 (6)それら諸支出の再生産 (7)それら諸支出相互間の関係 (8)それら諸支出と人口との関係 (9)それら諸支出と農業との関係 (10)それら諸支出と工業との関係 (11)それら諸支出と商業との関係 (12)それら諸支出と国民の富の総額との関係

生産的支出	収入の支出	不生産的支出
農業などに関するもの	租税は徴収ずみ．生産的支出と不生産的支出とに分割される．	工業などに関するもの
年前払	**年収入**	**年前払**
600*l*.の収入を生産するための年前払は600*l*.		不生産的支出のうち加工品のための年前払は300*l*.

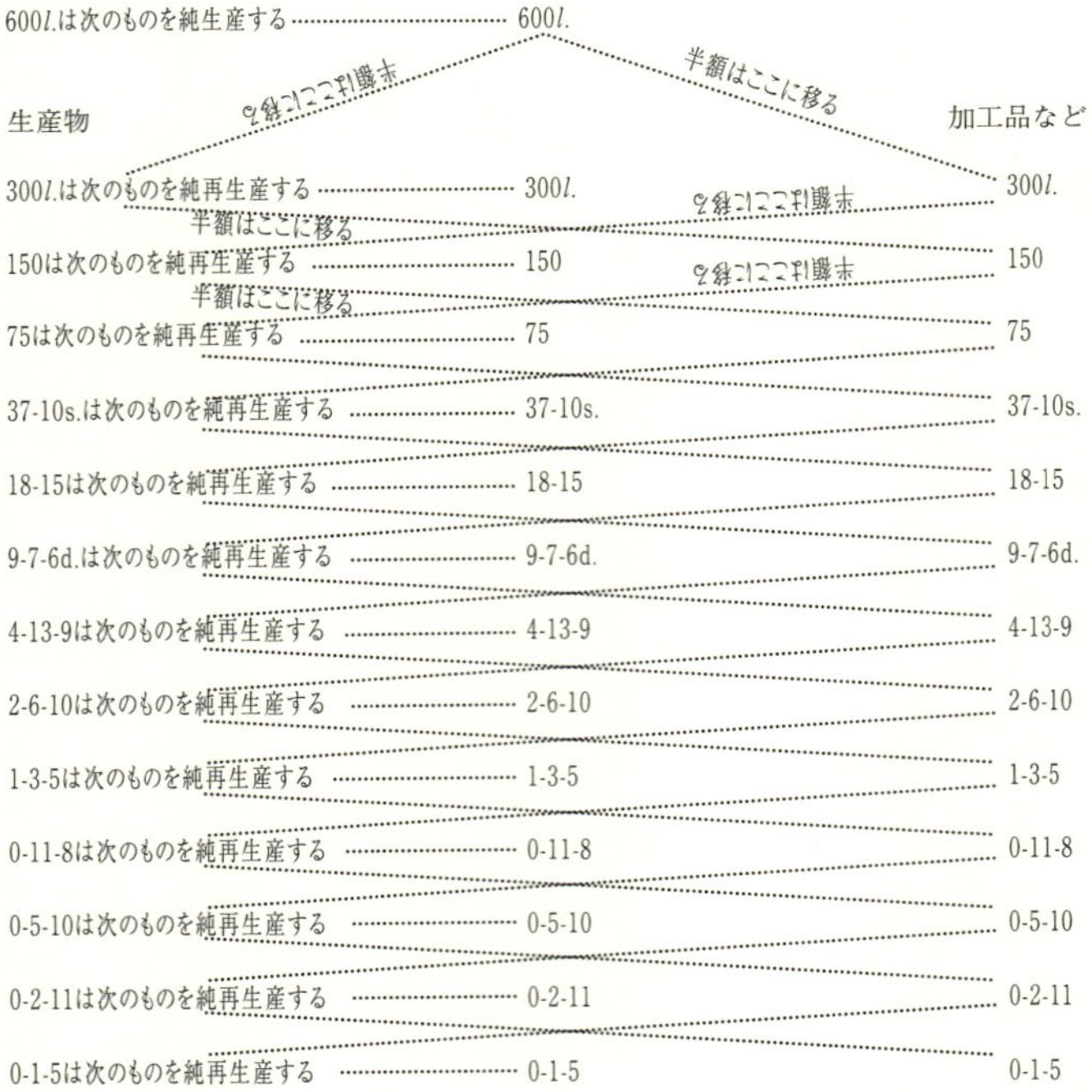

等々

み出すのは確かに農業だけだ。しかし、コルベール主義でフランスの農村は疲弊してしまった。奢侈《しゃし》品の輸出を増やすためにできるだけコストを減らす。そのために穀物の価格を低くすることによって賃金を低く抑える。これでは農業の再生産に支障をきたす。馬鹿げた政策だ。」

経太：「では、農業の再建には何をなすべきなのでしょうか？」

ケネー：「まず、穀物の「良価」（bon prix）が回復されなければならぬ。良価とは、生産費に一定の利潤を加えた価格のことだが、コルベール主義は、穀物の価格を人為的に低く抑える政策をとって良価の実現を阻んできた。穀物は内外に自由に流通するようにしなければならぬ。そうすれば穀物の価格は自然と良価に落ち着くはずだ。」

経太：「それは、いわゆる「自由放任主義」（laissez-faire）ということですか？」

ケネー：「私は「自由放任主義」という言葉は一度も使ったことがない。誰が最初に使ったかも知らぬ。ただ経済取引を内外で自由にせよと言っているだけだ。」

経太…「そうなのですか。博士は「自由放任主義」を主張したかのように書いてあった本があったものですから。失礼いたしました。」

ケネー…「まあ、よい。いま、フランスでは、北部にだけ大農経営によって農業生産力が上昇している。それをフランス全体に拡大しなければならぬ。「良価」「純生産物」「大農経営」――それらが揃った理想的な「農業王国」が実現したと仮定してみたまえ。それを描いたのが『経済表』だ。」

経太…「とすると、博士は農業を中心とする経済発展のヴィジョンをお持ちなのですね。それはなんとか理解できますが、その思想が『経済表』にどのように反映されているのか、いまひとつわかりません。」

ケネー…「それはまだ君には理解できないだろう。だが、先ほど、君が「自由放任主義」という言葉を使ったから、一つだけ注意しておく。われわれは確かに「自然的秩序」という言葉を使った。「自然的」という言葉には、二つの意味が含まれる。一つは「自然法則」のように「必然」ということと、もう一つは「そうなるのが望ましい」ということだ。この二つが合体して「自然法」となる。自然法こそが国家統治の最高原則だ。」

経太：「〝国家統治〟は確かに自由放任主義には欠落しているので、先ほどは博士の思想を誤解しました。お詫び申し上げます。『経済表』が自然法によって制定された「自然的秩序」を写し取ったものだとすると、ますます『経済表』のジグザグ表の意味が知りたいです。」

ケネー：「もう時間だ。それは自分でよく考えたまえ。」

＊　＊　＊

経太は、そのとき、目が覚めた。また夢を見てしまった。重農主義の勉強をしていたので、ケネーと対話はできたのだが、まだ『経済表』の真の狙いはつかめない。また杉本先生に尋ねることができた。だが、ケネーは、とても明晰な頭脳の持ち主に思えた。わかってしまえば、簡単なことなのではないか？　それとも「希望的観測」か？

栄一君の試験の成績が判明したので、杉本先生のお宅へ向かった。社会科以外はよくできている。数学は満点だ。素晴らしい。教えた甲斐があった。しかし、社会科には「歴史」と「公民」が含まれるので、その二つをサボってはだめだよと念を押しておいた。

杉本先生は、書棚の本を整理しているところだった。これだけたくさんある本を秩序立てて並べるのは大変な作業だ。だが、杉本先生は、いやな顔をしないどころか、むしろ楽しんで整理しているように思える。そんな人間でなければ学者にはなれないということか。

杉本：「やあ、経太君。ちょっとそこに束ねてある本をこちらに持ってきてくれないか。」

経太：「はい。ここでよいでしょうか。」

杉本：「ありがとう。さて、ケネーはわかったかな？」

経太：「それが、実は、『経済表』（第三版）を眺めてみても、ケネーの真意がつかめません。地主階級の収入が、半分ずつ、生産階級と不生産階級に支出されているのだけはわかるのですが……。」

杉本：「それがわかれば、こちらの説明は楽になるよ。経太君は数学が得意だったから、簡単な代数を使ったほうがピンと来るはずだ。この図と表を見てくれないかな[6]。」

杉本先生は、これは、京都大学の菱山泉《ひしやまいずみ》（1923–2009）博士が『経済表』の解釈として50年以上も前に提示し、国際的に高い評価を受けたモデルだという。

図の真ん中は地主階級の収入がYで表されている。ここでは、地主階級が「非産業部門」、生産的な農業が「産業I」、農業以外の不生産的な産業が「産業II」と表現されていることに注意しよう。

さて、地主階級はYのうちλYだけを生産階級へ支出し、収入の残り$(1-\lambda)Y$を不生産階級へ支出するとする。ケネーの『経済表』は、λが$1/2$という特殊なケースを描いていることがわかる。

生産階級も不生産階級も、地主階級から回ってきた収入をさらに支出していくが、留意すべきは、生産階級への支出にはつねにλをかけて、不生産階級への支出には$(1-\lambda)$をかけることである。

たとえば、地主階級の収入Yから$(1-\lambda)Y$だけの収入を受け取った不生産階級は、それを生産階級に支出する場合、λをかけるわけだから、$\lambda(1-\lambda)Y$が生産階級へ支出される。他方、地主階級からλYの収入を受け取った生産階級は、それに$(1-\lambda)$をかけて、$\lambda(1-\lambda)Y$だけ不生産階級に支出する。このような過程がずっと続いていく。

ケネーは、これを見ての通りのジグザグ表で表現した。これだけなら、『経済表』を数学記

（注6）菱山泉『重農学説と「経済表」の研究』（有信堂、1962年）230頁および233頁。ただし、記号は一部変更してある。

図

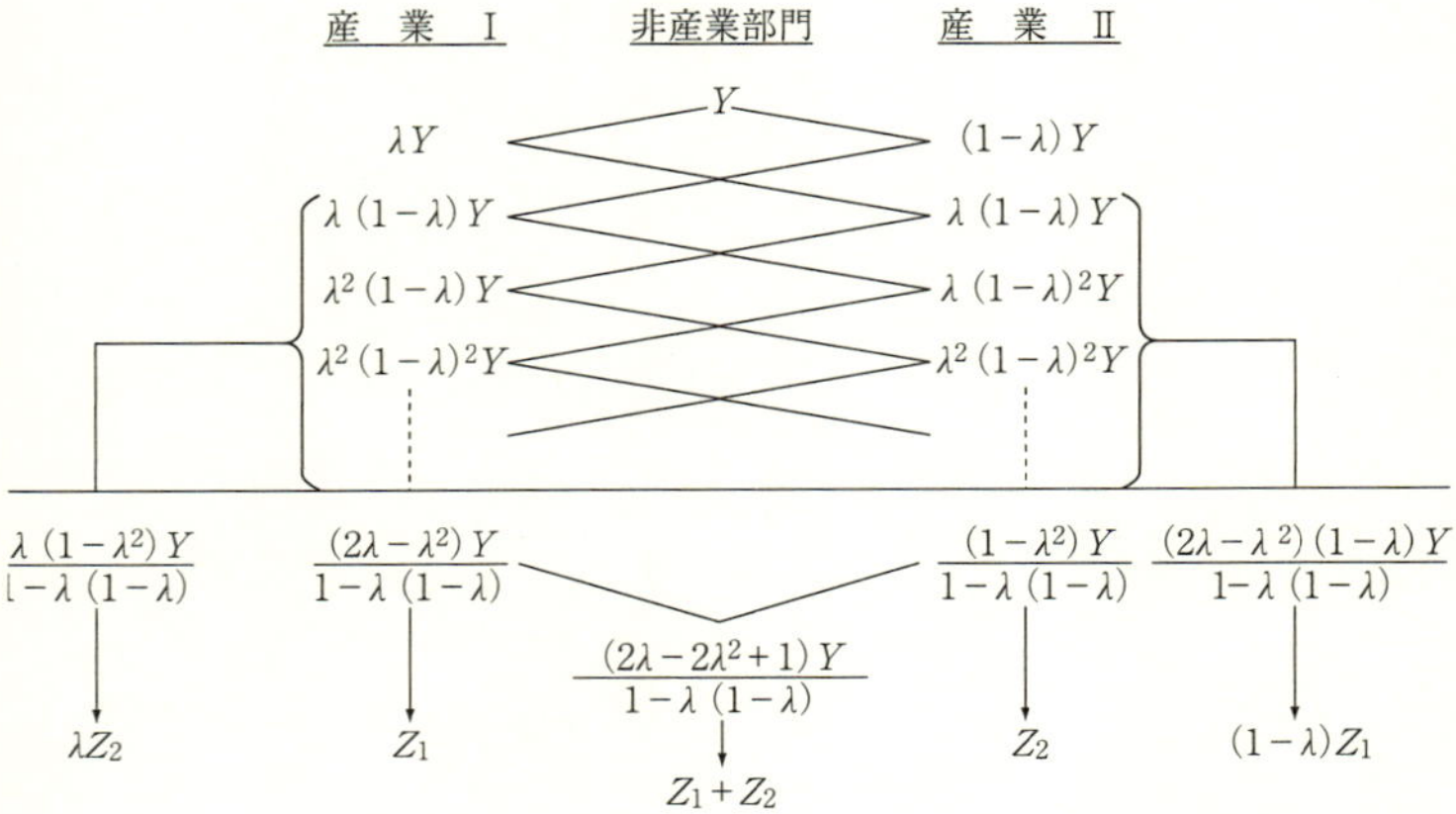

表

	産業Ⅰ	産業Ⅱ	非産業部門
産業Ⅰ		λZ_2	λY
産業Ⅱ	$(1-\lambda)Z_1$		$(1-\lambda)Y$

号で置き換えたに過ぎないが、ちょっとした代数を使えば、産業Ⅰと産業Ⅱに全体としてどれだけの収入が生じ、両者を足し合わせた全体としての収入がどれほどになるかを計算することができる。

産業Ⅰで生まれる全体としての収入をZ_1、産業Ⅱで生まれる全体としての収入をZ_2で表してみよう。ここで、下の表を見てみる。表の第一行の合計は、産業Ⅰの収入Z_1に等しい。第一行第一列目に何も書かれていないのは、産業Ⅰから産業Ⅰへの支出はないからだ。ゼロだと思ってもよい。第一行第二列目がなぜλZ_2かといえば、産業Ⅱの収入Z_2のうち、λZ_2だけが産業Ⅰへ支出されるからだ。第一行第三列目は、非産業部門の収入から産業Ⅰへ支出されるλYのことだ。
同じように、表の第二行の合計は、産業Ⅱの収入Z_2に等しい。第二行第一列目は、産業Ⅰから産業Ⅱへの支出だから、産業Ⅰの収入Z_1に（$1-\lambda$）をかけたものだ。第二行第二列は、産業Ⅱから産業Ⅱへの支出だけれども、それはないからゼロと思えばよい。第二行第三列目は、非産業部門の収入から産業Ⅱへ支出される（$1-\lambda$）Yのことだ。

さて、以上を代数式で表して、Z_1とZ_2に関して解いてみよう。

$$Z_1 = \lambda Z_2 + \lambda Y$$
$$Z_2 = (1-\lambda)Z_1 + (1-\lambda)Y$$

杉本：「Z_1とZ_2はどのように解けたかな？」

経太：「はい。次のようになりました。」

経太は解答を出してみた。

$$Z_1=\frac{(2\lambda-\lambda^2)Y}{1-\lambda(1-\lambda)}$$

$$Z_2=\frac{(1-\lambda^2)Y}{1-\lambda(1-\lambda)}$$

杉本：「よろしい。こういうふうに簡単な代数式で解ける問題なんだが、初めに戻って、ケネーの『経済表』では、λ＝1／2と仮定されていることをもう一度考えてみよう。」

杉本先生は、そう言って、Z_1＋Z_2を計算してみせた。

$$Z_1+Z_2=\frac{(2\lambda-2\lambda^2+1)Y}{1-\lambda(1-\lambda)}$$

杉本：「もしλ＝1／2だったら、この式はどうなるかな？」

経太：「2Yです。」

杉本：「ケネーの『経済表』第三版は、Yを６００（単位はその頃フランスで使われていたリーブルとしておこう）と書いているので、全体として１２００リーブルの収入を生み出すことになるね。だが、経太君、面白いのは、$1/2<\lambda<1$や、$1/2>\lambda>0$のとき、どうなるかを知ることだ。経太君には計算は簡単だから先に言ってしまうが、前者の場合にはYは１２００以上、後者の場合は１２００以下となる。経済学の用語を使うと、前者は「拡大再生産」、後者は「縮小再生産」という。$\lambda=1/2$の場合は、「単純再生産」だ。これは、同じ規模の再生産が年々歳々繰り返される場合と考えればいい。」

経太：「ケネーの『経済表』は、「単純再生産」のモデルと考えてよいということですか？」

杉本：「文字通りの意味はそうだ。しかし、天才の作品は、しばしば行間を読まなければならない。ケネーは、北部フランスの大農経営を手本に、内外で農産物の取引を自由にし、コルベール主義によって人為的に低めに設定された穀物の価格を「良価」に戻さなければならないと主張していた。これは、農業を中心にした経済発展を構想していたと言い換えてもよい。」

経太：「そうだ！　ケネーの真意は、$1/2<\lambda<1$の拡大再生産にあるのですね。」

杉本：「そうだと私は思うね。たしかに、『経済表』は、単純再生産のモデルになっているけれども、ケネーの書いた文章には拡大再生産を志向していることを暗示している箇所はある。」

経太：「何と言っているのですか？」

そう尋ねると、杉本先生は、「経済表の説明」と題するケネーの文章から次の箇所を読み上げてくれた[7]。

「これらの支出は、一方ないし他方のいずれかの側で、より多くあるいはより少なくなりうる。ここにとりあげられているのは、再生産的支出が年々、同額の収入を再現する一般的状態である。だが、不生産的支出と生産的支出のうち、いずれか一方が他方に勝るに応じて、どのような変化が収入の年再生産に起こることになるのか、これは容易に判断されるところである。」

杉本：「ケネーはやはり天才だね。そろそろ時間だ。大学の講義に遅れるといけないので、これで失敬する。あとは貸した本を読んでみなさい。」

経太も、ケネーはやはり真の天才だと思った。だが、『経済表』にはいくつかの版や「範式」があり、詳しく学ぶにはそれらも読み解かなければならないようだ。その時間はまだないが、ひとつだけ、経太は、『経済表』がヴェルサイユ宮殿の地下で印刷されたことが気になっていた。

ケネーは、ヴェルサイユ宮殿の中二階に部屋を与えられたくらいだから、旧体制（アンシャン＝レジーム）内の知識人だったと言ってもよいだろう。だが、杉本先生から借りてきた本には、ケネーが、農業、すなわち土地から穫り入れられた生産物のみが「生産的」であり、その「純生産物」は結局は地主階級の収入になること、したがって、租税は地主階級のみが負担すべきであるという「土地単一税」を提案していたことが書いてあった。

しかし、旧体制下の貴族や大地主は「免税特権」をもっていたのではないのか？　これは実は「急進的な」提案ではないのか？　あるいは、「危険思想」というべきか？

そういえば、ケネーの不敵な笑いは、「君にはこれがわかるか？」と問いかけているようだった。農業を中心とする経済発展を実現するには、「自然法」を的確に理解できるほど開明的な君主が「農業王国」実現のための国家統治をせねばならないが、それはコルベール主義によって農村が疲弊していたフランスの現状を「改革」するためには最も優先度の高いアジェン

（注7）『ケネー経済表』、前掲、38頁。

ダだったに違いない。

それをあたかも未来永劫《えいごう》、同じ規模の再生産が繰り返す『経済表』の形で「極秘裏に」出版するとは、ケネーの芸当も細かい。だが、彼の深謀遠慮《しんぼうえんりょ》のおかげで、経済システムの「持続可能性」の論理を経済学史上はじめて描写した「経済科学」が生まれた。

ケネーと彼の弟子たちは、「経済科学」や「エコノミスト」という言葉を使った初めての学派、「重農学派」を形成したが、旧体制の経済改革を狙った彼らのきわめて実践的な「経済科学」が、今日、「改革」や「政治」とは無関係の「純粋経済学」の意味で使われているのをみると、経太は、経済思想を時代文脈から切り離して理解する人たちの言説は警戒すべきだという教訓が残されたように思った[8]。

（注8）もう少しハイレベルでのケネーの解説は、根井雅弘『経済学の歴史』（講談社学術文庫、２００５年）を参照のこと。

第4章

アダム・スミス『国富論』が出版される

経太は、再び、アダム・スミスの伝記をひもといた。

スミスは、『道徳感情論』の出版によって、道徳哲学者として名声がヨーロッパ中で高まったが、そんなとき、彼の学識に注目していた人を介して、バックルー公の家庭教師として「グランド・ツアー」に同行してほしいと依頼された。

グランド・ツアーとは、当時の貴族階級の子弟を連れて、ヨーロッパ大陸を旅しながら学習する、いわば教育プログラムである。スミスはグラスゴウ大学の名物教授だったが、あっさりその地位を捨てて、バックルー公のグランド・ツアーに同行することに決めた。

経太は、大学教授が家庭教師になる⁉　と驚いたが、スミスの時代、大学教授の給料よりも貴族の家庭教師のほうが終身年金までついてずっと待遇がよいと知った。それなら、研究以外に講義や学内行政上の負担まである大学教授よりも、「仕事」でヨーロッパ中を旅して回れる家庭教師のほうを選ぶだろう。

スミスは、1764年、グラスゴウ大学教授の職を辞任した。

スミスはバックルー公を伴ってフランス各地を旅したが、パリでは親友で哲学者のデイヴィッド・ヒューム（1711-76）が社交界にスミスが来ることを知らせてあったおかげで、百科全書派のヴォルテール、重農学派の総帥ケネー、チュルゴ（ケネーの弟子）などに会うことができた。

もともとフランスびいきだったスミスは、ヴォルテールを敬愛していたが、ケネーの博識には大変な感銘を受けて、構想中の『国富論』が完成した暁には、その書をケネーに献呈しようとまで考えていたらしい（残念ながら、ケネーは、『国富論』完成時には亡くなっていたので、それは実現しなかったが）。

経太は、スミスがケネーを高く評価した理由をもっと知りたかったが、どうもこれは、『国富論』の全貌が明らかになってからでないと正確にはつかめないようだ。ただ、天才ケネーの真価がすぐにわかったスミスの慧眼《けいがん》には敬服した。

スミスがグランド・ツアーを終えてロンドンに戻ってきたときには、1766年11月になっていた。その冬はロンドンで過ごしたが、1767年春にスコットランドの故郷に戻ってからは、『国富論』の執筆に全力を傾注した。

だが、この不朽の名著は、なかなか完成しなかった。スミスはみずからの頭脳と身体を酷使したに違いない。『国富論』がようやくロンドンで出版されたのは、1776年3月9日のことだった。

親友のヒュームは、さっそくスミスの仕事を賞賛する手紙を書いている（1776年4月1日付）。ヒュームは、“Euge! Belle!”と表現しているが、EugeもBelleも、「お見事」とか「素晴らしい」のような意味らしい。ヒュームはその年の8月25日には亡くなっているので、待ちに待った親友の仕事が世に出てよほど嬉しかったのだろう。

杉本先生のお宅に伺う日がまたやってきた。栄一君は学校で二次方程式を習い始めたらしい。あの問題を解くにはコツがあるので、教えてあげなければならない。栄一君は、わからないとき、決して「こんなのどんな役に立つんだろう」とか言わないところが素晴らしい。さすがは杉本先生の息子だ。

杉本先生は、数年前、東京工業大学栄誉教授の大隅良典《おおすみよしのり》博士がノーベル医学生理学賞を受賞したとき、応用研究ばかりではなく基礎研究にもっと重点を置くべきだという博士の発言に共感していた。

そういえば、大隅博士は、オンライン上にある『高校生新聞』(2018年11月12日付)にも次のような発言が紹介されていた[1]。「最後に「役に立つことが無条件に大切」と考えがちな若い世代に向けて「社会の進歩、研究には長期的な視点を持つことも大切。『役に立つということ』の意味をもう一度考えてみてほしい」と基礎研究の大切さを訴えた」と。

それはさておき、栄一君が数学の問題を解いていたとき、経太はまた中学の歴史教科書を眺めていたが、ページをめくったときに出てきたアメリカ独立戦争の記述に釘付けになった[2]。

「18世紀に入り、オランダにかわって台頭してきたイギリスは、武器や綿織物などを西アフリカに輸出して奴隷と交換し、さらに奴隷を西インド諸島やアメリカ大陸の大農園へ砂糖や綿花を生産する労働力として転売して、大きな利益をあげました。しかし一方で、植民地をめぐるフランスとの激しい戦争でばくだいな費用を使い、イギリスは財政難に苦しみました。北アメリカの東海岸では、18世紀半ばまでにイギリスからの移民者が13の植民地をつくって自治を行っていました。18世紀後半、植民地側の代表がいないイギリス議会で、フランスとの戦争費用をまかなう新しい税を課すことが決められると、植民地の人々はアメリカ独立戦争を起こし、1776年に独立宣言を発表しました。ワシントンを総司令官とする植民地軍は、フランスなどのヨーロッパ諸国の支援を得て独立戦争に勝利しました。この結果、アメリカ合衆国が誕生し、共和制を定めた合衆国憲法がつくられました。」

1776年――スミスの『国富論』が出版された年とアメリカ独立宣言の年が重なっていたのだ！　この二つは何か関係があるのだろうか？　経太は瞬間的にそう思ったが、単なる偶然かもしれない。あとで杉本先生に訊くだけは訊いてみよう。

杉本先生は、相変わらず、マイペースで仕事をしているようだ。栄一君の勉強をみてあげていることもあるだろうが、いつも笑顔で迎えて下さるのは経太には有り難い。

(注1)　http://www.koukouseishinbun.jp/articles/-/4610（2019年2月25日アクセス）
(注2)　『社会科　中学生の歴史』（帝国書院、2018年）139頁。

杉本：「何か訊きたそうな顔つきだね（笑）。近頃の大学生は講義がわからないと不平を言いながら質問すらしないが、経太君の向学心にはいつも感心しているよ。」

経太：「いえいえ。僕は気になったことは調べたり先生に訊いたりしないと落ち着かないのです。一つだけ質問してよいでしょうか？」

杉本：「どうぞ。」

経太：「栄一君の学校の歴史教科書を見ていたら、『国富論』の出版年とアメリカ独立宣言の年が重なっていることに気づきました。スミスを学ぶときに、何かのヒントになるでしょうか？」

杉本：「えらいところに気づいたね。もちろん、関係大ありだ。」

経太：「そうなのですか！　単なる偶然とは違うのですね？」

杉本：「経太君も『国富論』を通読したらきっとわかると思うが、スミスは、自由競争支持の立場から独占や「独占精神」を痛烈に批判しているが、イギリスが北アメリカにもっている植民地も、「独占精神」がもたらしたものと考えているんだね。だから、『国富論』の最後は、アメリカの植民地をもう手放す時期が来ているという趣旨の文章で終わっている。スミスは誰もが推奨するけれども、最後まで読んだ人は少ないから、この重要な点が見逃されやすい。それに気づくとは着眼点が素晴らしい。」

経太：「いえいえ。たまたま、先ほど中学の歴史教科書で読んだ箇所なのです。偶然にしては面白いなと。」

杉本：「スミスは、『国富論』の中で、各人が市民社会のルールを守る限りにおいて、自由競争を推奨しているけれども、その理論的基礎は『国富論』の最初のほうに出てくる価値論にある。スミスの伝記が面白かったのなら、その箇所は難なく読めるはずだ。」

経太：「わかりました。一つだけと言いながら、ついでにもう一つうかがいます。スミスがケネーを高く評価したのはなぜですか。」

杉本：「それは重商主義批判と関係がある。ケネーはフランスの重商主義、つまりコルベール主義を批判し、「富」とは金や銀のような貴金属のことではなく、唯一の「生産的」産業である農業が生み出した「純生産物」だと主張した。スミスは、農業だけでなく製造業も「生産的」と見なしたので、ケネーの見解は若干狭い見方だけれども、重商主義批判は正しいと確信していたんだ。『国富論』の中で重商主義批判を展開したところにケネーへの言及があるはずだから、暇があれば読んでみなさい。」

経太：「よくわかりました。時間を見つけて読んでみます。」

杉本先生と話していると、次から次へと読むべき本が増えるが、関心があって訊いているのだから、読書するのは決して苦にはならない。だが、今日もたくさん勉強したので、休むことにしよう。

＊　＊　＊

また夢の中で知らないところにきている。看板にある文字を見るとKirkcaldyとある。そうだ。カーコーディならスミスの故郷ではないか。手元にスミスの『国富論』初版がある。自分がどこでこの本を手に入れたのか全くわからないが、初版は、四つ折り版二巻本だ。

ヒュームは、『国富論』を執筆中のスミスが、故郷に引っ込んでなかなか都会のロンドンに出てこないのを心配していたらしい。たぶんスミスは執筆に専念するために都会の喧騒を避けたかったのだろう。

誰か夢遊病者のように歩いている人が見える。スミスに似ているぞ!? そういえば、スミスの伝記に、若い頃から放心癖があったようなことが書いてあった[3]。呼び止めてみよう。

経太：「スミス博士！」

経太が近づいて大声で話しかけたので、スミスは我に返ったようだ。

スミス：「ああ。君はいつかの講義で見かけた若者だな。」

経太：「そうです。『国富論』の出版、おめでとうございます。」

スミス：「まあ完璧とは言えないが、ベストを尽くしたつもりだ。それにしても長い時間がかかった仕事だった。君はもうその本を読んだのかね？」

（注3） デューゴルド・ステュアート『アダム・スミスの生涯と著作』福鎌忠恕訳（御茶の水書房、1984年）5頁参照。

経太：「申し訳ありません。ようやく手に入れたところです。」

スミス：「まあよい。少し話をしようか。」

経太は、スミスと一緒に散歩しながら対話しようと思った。自分がついて話していれば、スミスも放心状態にもならないだろう。

『国富論』の冒頭は、有名な文章で始まっている。大胆にいえば、スミスは、この一文を書くために、四つ折り版の二巻本を書いたと言ってもよい。これは、端的にいえば、「富」＝「貴金属」という重商主義への挑戦状なのだ[4]。

「どの国でも、その国の国民が年間に行う労働こそが、生活の必需品として、生活を豊かにする利便品として、国民が年間に消費するもののすべてを生み出す源泉である。消費する必需品と利便品はみな、国内の労働による直接の生産物か、そうした生産物を使って外国から購入したものである。」

スミス：「君はこの文章を読んでどう思うかね？」

経太：「はい。国民の「労働」だけが「富」を生み出す源泉だと仰っているように思えますが、「富」とは「生活の必需品」か「利便品」ということは、「消費財」ということでしょうか？」

スミス：「その通りだ。君はやはり賢い若者だ。だが、これから『国富論』を読んでいくのなら、「生産的」労働と「非生産的」労働の区別、「分業」の役割、労働価値説など、学ぶべきことはたくさんあるので、覚悟が必要だな。」

経太：「承知しました。いっぺんに全部はお尋ねできないので、一つだけ質問させて下さいますか？」

スミス：「何だね？」

（注4） アダム・スミス『国富論』上巻、山岡洋一訳（日本経済新聞出版社、2007年）1頁。邦訳は原著第6版（1791年）を底本にしているが、『道徳感情論』の場合と同じように、各版対照の仕事は専門家に委ねる。単語の訳が訳書によって微妙に異なるので紛らわしい。たとえば、「不生産的」をとるか、「非生産的」とするかなど。だが、本書では、煩雑さを避けるために、原則として、山岡訳に従うことにしたい。

経太：「フランスのケネー博士は、農業のみが「生産的」であるという「フィジオクラシー」(重農主義)を説きましたが、この学説をどのように評価されますか？」

スミス：「君はケネー博士を知っているのかね！　博士は天才だった。だが、一つだけ異議がある。私は農業だけでなく製造業も「生産的」と見なしている。ケネー博士の見解は、「農業王国」という理想の実現へと直結していたが、国民の豊かさを農業だけを尺度に測るのは狭すぎる。製造業も「生活の必需品」や「利便品」を創り出すという意味で同様に「生産的」だ。」

経太：「商業やサービス業は「非生産的」とみなしてもよいのでしょうか？」

スミス：「その通りだ。『国富論』の中で、私は「生産的」労働と「非生産的」労働の区別についてやや詳しく書いているから、その部分をよく読みなさい。」

経太：「わかりました。」

スミス：「その区別をしっかりつかんでおかないと、価値論や重商主義批判などを本当に意味で理解したとは言えない。さて、うちが見えてきたようだ。これで失敬する。」

スミスは、そう言って消えていった。独り言や放心癖があったというのは確かな記録があったが、経太はまさか自分がその場に出くわすとは思わなかった。だが、これは少しできすぎた話のような……。というところで、目が覚めた。

＊　＊　＊

夢から覚めた経太は、スミスの『国富論』の冒頭の文章を確認してみた。やはり、国民の年々の労働こそが「生活の必需品」と「利便品」を生み出す源だと書いてあった。両者はあわせていまの言葉では「消費財」ということだ。

「富」とは、「貴金属」のことではなく、人間の労働が生み出した「消費財」のことだという思想は、英仏の重商主義とは真っ向から対立するものだ。

とすれば、『国富論』は、始まった瞬間から、重商主義批判を狙っていることを宣言していることになる。スミスは、その点で、ケネーの重農主義が少し偏っている（農業のみが「純生産物」を生み出すという意味で「生産的」であるという主張）ことを批判しながらも、ケネーを重商主義批判の先達として尊敬していたのだろう。

経太は、スミスがケネーに触れた文章を探した。ようやく次の文章を見つけたときには、ケネーの不気味な笑いに隠された天才の煌《きら》めきと、それを寛容に受けとめたスミスの慧眼《けいがん》は、経済学生誕前夜のエピソードとして後世に語り継がれるべきだと思った[5]。

「土地の耕作に使われる労働だけが生産的労働だとしている点では、重農主義の主張は偏っているし狭すぎる。だが、国の富が通貨という消費できないものの豊富さにあるのではなく、その社会の労働で年間に再生産される消費財にあると主張している点で、そして、完全な自由の確立が年間の再生産を最大限に増やすのに効果がある唯一の方法だと主張している点で、重農主義の主張は寛大で自由であると同時に、まったく正しいと思われる。」

「生産的」労働と「非生産的」労働の区別も重要だが、経太が理解した限りでは、スミスは次のように考えていたようだ[6]。

人間が労働することによって、対象物の価値を高めるものと高めないものがある。ケネーは、農業のみが「純生産物」を生み出し、「生産的」であると主張した。農業は穀物という目に見える形で生産物が現れるのでわかりやすい。しかし、スミスは、製造業でも、人間が労働することによって、原材料に加えて、自分自身を維持する価値と、雇い主の利益になる価値が生まれるので、立派に「生産的」であると考えた。

ところが、スミスは、サービス業、たとえば家事使用人の労働は何も価値を加えないので、

「非生産的」であると見なしている。農業や製造業では、穀物や製品というモノが目に見える形で残るが、サービス業では、労働は使われた瞬間に消えてしまう。

「非生産的」という言葉でなにか差別的な意味合いを感じとる人もいるかもしれないが、スミスにはそんな意図はない。それどころか、社会的にきわめて重要な役割を担っている労働でも、スミスの区別では、「非生産的」という分類に入ってしまう。

だが、経太には、スミスが、このような区別への批判を十分に予想しながら、持論を展開しているように思えた[7]。

「たとえば、国王や、国王に仕える裁判官と軍人、陸軍と海軍の将兵の労働はすべて非生産的である。全員が社会の使用人であり、他人の労働による年間生産物の一部によって維持されている。これらの人の勤務はどれほど名誉があり、役立ち、必要不可欠であっても、後に同じ量の勤務を購入するのに使える商品を生み出すわけではない。今年の労働によって国の安全と防衛が維持されても、翌年の国の安全と防衛を購入することはできない。」

（注5）アダム・スミス『国富論』下巻、山岡洋一訳（日本経済新聞出版社、２００７年）268頁。
（注6）アダム・スミス『国富論』上巻、山岡洋一訳（日本経済新聞出版社、２００７年）338－341頁参照。
（注7）同前、339頁。

スミスは、この論法で、「聖職者」「法律家」「医者」「文人」などの労働も、彼らの仕事がいかに権威があり重要であろうとも、「非生産的」と見なした。社会的地位では劣るが、「芸人」「音楽家」「オペラ歌手」「バレエ・ダンサー」などの労働も「非生産的」であると。

経太は、現在からみると、サービス業を「非生産的」と見なすスミスの見解も狭いように思えたが、スミスが生きた産業革命の前夜という時代背景を考慮すると、農業や製造業のように、目に見える形でモノを生産する労働以外のすべてが「非生産的」と見なされたのは、ある意味では必然だったのだろう。

「生産的労働」と「非生産的労働」の区別は、一応、理解できた。それが『国富論』の体系とどのようにつながっていくかは、また杉本先生にヒントをもらうことにしよう。

栄一君の勉強は順調に進んでいる。数学の理解力もよいし、英文法や英作文の力も同学年の生徒よりも勝っていると思う。この年代は人生で最も記憶力がよい時期だから、吸収できる限りはたくさんのことを教えるほうがよいのではないか。

世間で「ゆとり教育」の是非をめぐって賛否両論が沸騰していたとき、経太は、その問題を一般的に論じるのは難しいのではないかと感じていた。

ただ、栄一君のように賢い生徒には、早い時期に多くのことを学ばせるのは悪いことではないだろう。それを一概に「詰め込み教育」と呼ぶのは当たっていない。

杉本先生に栄一君の勉強をみてくれないかと頼まれたときも、「学年で学ぶことに関係なく、栄一が理解できるようなら少し難しくても教えておいてほしい」と言われたのを思い出した。経太は、いまでも、教育方法を一般論で語るのは難しいと思っている。

杉本先生にこの前借りた本を返しに書斎へ向かった。

杉本：「経太君、待っていたよ。相変わらず読書欲が旺盛だね。」

経太：「いえ。そういうのとは違うと思いますが、スミスの「生産的労働」と「非生産的労働」の区別は何とか理解できました。」

杉本：「ほほう。そこから先は比較的簡単だから、経太君にはすぐ理解できるはずだ。」

経太：「スミスは、人間の労働が生み出す「生活の必需品」や「利便品」、つまり「消費財」こそが「富」だと考えて、重商主義批判を宣言するような文章から『国富論』を書き始めていました。そこに、「生産的労働」と「非生産的労働」の区別が重要だという示唆があったのですが、「富」を増やすには「生産的労働」が増えなければならないという理解でよいのでしょうか？」

杉本：「その通り。スミスの思想に忠実に従うならば、「富」を増大させるには二つの方法しかない。一つは、労働人口に占める生産的労働者の割合を高めること。これは経太君が指摘した通りだ。もう一つは、労働の生産力を向上させるために「分業」を導入することだ。」

杉本先生は、書棚から『国富論』を取り出して、スミスが「分業」(division of labour) を説明するために、ピン製造の例を出している箇所を開いた。

それによると、1人の職人がピン製造の全工程を1人だけでおこなった場合には1日に1本のピンも作れないが、10人の職人が分業体制を整えることによって、1日に1人当たり4800本のピンを作ることができるという。

杉本：「スミスは、グラスゴウ時代にジェームズ・ワットの蒸気機関の改良に関心をもっていたことからもわかるように、つねに技術の進歩に注目していたはずだ。分業は、現代的にいえば、「プロセス・イノベーション」のことだからね。」

経太：「分業によって労働生産性が高まるということは、「生活の必需品」や「利便品」がより多く生産されるようになるということだと思うのですが、それらの消費財は生産されても需要はついてくるのでしょうか？」

杉本：「目の付けどころがいい！　スミスも当然そのような疑問が返ってくるのを予期していただろう。だから、分業の利益を説いたあとに、「分業は市場の大きさによって制約される」と指摘しているんだ。博学なスミスは、歴史書をひもとき、水運に恵まれた湾岸地域が、より広い世界に向けて生産物を売ることができるので、分業ひいては産業が発達し、次第に内陸部に広がっていくと指摘している。スミスは、地中海沿岸が最初に文明が発達したところだという認識をもっていたのだと思う。」

経太：「ということは……。市場の大きさ、つまり需要によって分業は制約されるが、もし販路がどんどん拡大していくようなら、分業の発達が労働の生産性の向上を通じて供給を増大させても、需要はついてくる。そして、需要の拡大がさらに分業を発達させる。というように、需要と供給は手を携《たずさ》えて拡大していくということですか？」

杉本：「その通りだ。スミスはそのような好循環を思い描いていたと思う。この論点は非常に面白いのだけれども、時代が進むにつれて、新たな問題が生じてくるので、それまでとっておこう。」

経太：「わかりました。」

杉本：「しかし、それは『国富論』の重要な貢献である価値論に的を絞るためだ。というのは、こういうことだ。スミスは、分業とは、人間に備わっている「交換性向」から生じると考えている。そして、AとBがお互いにモノを交換し合うとき、相手の善意や利他心に期待するだけではうまくいかず、「利己心」に働きかけなければならないと。この箇所は有名だから、読んでみよう[8]。」

「動物はほとんどの種で、それぞれの個体は成長すると独立し、自然の状態では他の生き物の助けを必要としない。しかし人はほぼいつでも他人の助けを必要としており、他人の善意だけに頼っていては、助けを得られると期待することはできない。相手の利己心に訴える方が、そして、自分が求めている行動をとれば相手にとって利益になることを示す方が、望みの結果を得られる可能性が高い。誰でも、取引をもちかけるときにはそのように提案している。わたしがほしいものをくれれば、希望するものをあげようというのが、そうした提案の意味なのだ。そして、人間はほとんどの場合、自分が必要とする他人の助けをこの方法で得ている。われわれが食事ができるのは、肉屋や酒屋やパン屋の主人が博愛心を発揮するからではなく、自分の利益を追求するからである。人は相手の善意に訴えるのではなく、利己心に訴えるのであり、自分が何を必要としているのかではなく、相手にとって何が利益になるのかを説明するのだ。」

経太：「ここで、「利己心」が出てくるのですね。」

杉本：「そうだね。スミスは、『道徳感情論』でも、決して利己心は否定していなかった。ただ、利己心だけでは、社会全体がカオスに陥ってしまうので、「中立な観察者」による「同感」を媒介に各人が「自己抑制」が効いた行動をとることが必要だと指摘されていた。『国富論』では、分業の利益を説明する件で利己心を強調した右のような文章が出てくるけれども、その「利己心」も、何でもかんでもやってもよいという意味ではもちろんない。その点で、『道徳感情論』と『国富論』の間には思想上の断絶はないというのが今日の定説だ。」

経太：「そう理解すればよいのですね。それにしては、高校の政治・経済の教科書には、相変わらず「スミス＝自由放任主義者」のような紋切り型の記述が見られるように思います。」

（注8） アダム・スミス『国富論』上巻、前掲、17頁。傍線は引用者。

杉本：「確かにそうだね。教科書の執筆者の方々にもいろいろなご苦労があるのは察せられるけれども。それはともかく、スミスは、分業が発達すると、誰もが交換によって生活するようになるという意味で「商人」となるという興味深い指摘をしている。そして、そのような社会を「商業社会」（commercial society）と呼んでいる。意外にも、スミスは「資本主義」という言葉は使っていないんだ。」

経太：「そうなのですか！　では、スミスによって「資本主義」が発見されたという理解は間違いなのですか？」

杉本：「そうではないね。スミスの「商業社会」は、今日の言葉では、「資本主義」と言ってもよいのだけれども、「資本主義」という言葉は、のちの時代、社会主義者たちが現体制を批判するために使い始めた言葉ということだ。知識人でも意外にこのことを知らないようだから、覚えておきなさい。」

経太：「わかりました。」

杉本先生のお宅からの帰り道、経太は、スミスは本当に奥が深いと思った。たしかに、もしスミスが単純な自由放任主義者なら、のちの時代の経済学者との区別がしやすくなるので、チャート式のような図式化を好む人には受け容れられやすいだろう。

だが、スミスは、複眼的な目をもった、もっと懐の深い思想家のように思える。

杉本先生には、これまでのことが理解できていれば、あとは理解が容易になると励まされたが、まだまだ勉強すべきことはたくさんありそうだ。

しかし、今日もおなか一杯学んだので、明日以降にまた勉強を再開することにしよう。

第5章

「見えざる手」の独り歩き

スミスが「商業社会」と呼んだ経済体制は、今日の言葉では、「資本主義」と言ってもよいものだった。だが、なぜ「資本」主義なのかという疑問は残る。

杉本先生は、スミスの価値論が重要だと言ったが、経太は、価値論とはどんな文脈で出てくるのか、興味津々で『国富論』を読み進めた。意外にすぐ登場した。

商業社会では、誰もがある程度「商人」になるとスミスは言っていたが、人々がモノとモノを相互に交換するには、それらの「交換価値」（それをもっていることで、他のモノをどれだけ買えるかということ。以下では、単に「価値」と呼ぶ）がわかっていなければならない。

スミスの考えは、「労働」こそが価値の真の尺度だと考えたというものだ[1]。人間の労働がモノの価値を生み出すという理論を「労働価値説」と呼んでいる。

ここまでは、わかりやすい。だが、スミスが、労働価値説を「初期の未開社会」に適用される「投下労働価値説」と、資本が蓄積され土地が占有された「文明社会」に適用される「支配労働価値説」に分けているところから、やや難しくなる。

投下労働価値説は、資本の蓄積や土地の占有のない未開社会において、商品つまりモノの価値は、それを生産するのに投下された労働量によって決まるというものだ。

スミスは、狩猟民族の間で、一匹のビーバーを仕留めるのに、一頭のシカを仕留める労働の二倍が費やされるならば、ビーバー一匹はシカ二頭と交換されるという例を挙げているが、経太は、これは単純な算数なのでわかりやすいと思った。この場合、労働の生産物はすべて賃金として労働者に帰属する。

ところが、文明社会では、資本が蓄積され、土地が占有される。つまり、労働者のほかに、資本の所有者である資本家の利潤と土地の所有者である地主の地代が加わるので、スミスは、モノの価値は、投下労働量とは等しくなく、そのモノが市場で支配する労働量によって決まるという支配労働価値説を提示した。

そのモノが市場で支配できる労働量とは何に等しいかといえば、賃金に加えて、利潤と地代をプラスしたものである。つまりこういうことだ。スミスは、「投下労働量＝賃金」となると考えていたので、文明社会で利潤と地代が加わった以上、投下労働価値説はもはや妥当せず、モノの価値は、賃金に相当する部分以上に支配できる労働量によって決まると主張したのである。

経太は、文明社会とは、前に出てきた商業社会とほぼ同じと見なしてよいだろうと思った。スミスは、そのような社会では、モノの価値が、「賃金＋利潤＋地代」に等しいと言っていることになる。

（注1）　モノには、「交換価値」のほかに、それがどの程度の効用をもつかを意味する「使用価値」もあるが、スミス以降の「古典派」の価値論で「価値」という場合は、ふつう交換価値を指している。なお、古典派とは、18世紀のスミスに始まって、19世紀のリカードやマルサスを経てミルに至るイギリスの経済学の系譜を指す言葉だが、これについては、別の機会に触れたい。

ここには、賃金を受け取る労働者、利潤を稼ぐ資本家、地代を受け取る地主の三つの階級が出てくるので、私たちが今日「資本主義」と呼んでいる経済体制の三階級と基本的には変わらない。スミスが資本主義を発見したというのは、この意味である。

そして、その支配労働価値説の延長線上に、スミスの「自然価格」の定義がある。自然価格とは、簡単な足し算で、賃金の自然率＋利潤の自然率＋地代の自然率、のことである。スミスは、「自然率」とも「平均率」とも表現している[2]。スミスは、次のように述べている[3]。

「どの社会、どの地域にも、労働の賃金と資本の利潤には、業種ごとに相場になっている通常で平均的な水準がある。この相場は後に示すように、一つには社会全体の状況によって、つまり豊かか貧しいか、発達しているのか停滞しているのか衰退しているのかによって、もう一つにはそれぞれの業種の性格によって、自然に決まっている。

同様に、どの社会、どの地域にも地代の相場があり、これも後に示すように、一つにはその土地がある社会や地域の全体的な状況によって、もう一つにはその土地の本来の地味《ちみ》や耕作で肥えた地味によって決まっている。

こうした相場は、その時期その地域での賃金、利潤、地代の自然水準と呼ぶこともできる。

ある商品を生産し市場に運ぶのに使われた土地の地代、労働の賃金、資本の利潤をそれぞれの自然水準にしたがって過不足なく支払える価格を、その商品の自然価格と呼ぶこともできる。」

ところが、スミスは、モノには自然価格とは別に「市場価格」というものがあり、これは、「実際に市場に供給される量と、その商品の自然価格（つまり、商品を市場に供給するために必要な地代、賃金、利潤の総額）を支払う意思のある人の需要との比率によって決まる」[4]という。つまり、市場価格は、中学の教科書にも出てくる、需要と供給によって決まる価格だ。経太は、懐かしいものを発見して嬉しくなった。

自然価格と市場価格——二つの重要な概念が出てきたが、この二つが織りなすスミスの価値論のエッセンスは、もう少し杉本先生に教えてもらわないとまだよくわからない。また先生への質問が増えたな、と経太は思った。

栄一君に教えるようになってから経太も、中学生の勉強事情に関心をもつようになった。最

（注2）このような考え方を「価値構成論」と呼んでいる。価値構成論は、のちに、リカードが主張する「価値分解論」と対立したが、後者は、リカードを取り上げるときに説明する。

（注3）アダム・スミス『国富論』上巻、山岡洋一訳（日本経済新聞出版社、２００７年）58頁。ただし、「利益」は「利潤」に置き換えた。以下も同様。

（注4）同前、59頁。

近面白く読んだのは、数学の場合、中学生に計算の技術だけを教えてもだめで、頭を柔らかくする訓練が必要だという記事だ[5]。

「がんばる力のある子どもたちが、「考える」勉強に集中的に取り組めば、驚くほど短期間で伸びる可能性があります。それにより「頭が柔らかく」なれば、暗記によってではなく、考える力をつけたことによって、最難関校に合格できるのです。しかも、考える訓練に必要な時間は、必死になって暗記するため時間の半分、いや3分の1でもよいかもしれないのです。

それにも関わらず、せっかくのがんばる力を間違った方向に使わせている。そうした指導を行う進学塾に対しては複雑な思いがあります。同時に、そうした塾に子どもを通わせる保護者の方々には、ぜひ考え方を変えていただきたいと思います。」

なるほど。その点、杉本先生の指導があるのか、栄一君は「よく考える」勉強法を実践している稀《まれ》な例だ。経太は、栄一君を教えるのが楽しいのは、栄一君もそのことを自覚して勉強しているからではないかと思った。

二次方程式を解く「術」だけを教えるのは簡単だが、今日、実は、二次方程式の解の公式は三通りの方法で証明できるんだよと栄一君に教えてあげたら、いたく感動していた。自分よりも数学に向いているのかもしれない。

杉本先生は書斎で読書中だったが、経太を見ると、本を置いた。時間をとらせるのは申し訳ないが、どうしても好奇心のほうが勝ってしまう。だが、先生は、いやな顔せず、いつも丁寧に経太の質問に答えて下さる。

杉本：「経太君、スミスの価値論は理解できたかな？」

経太：「いえまだ途中なのですが、自然価格と市場価格の区別はなんとか理解できました。ここからが重要なのですね？」

杉本：「そうだね。スミスは、自然価格と市場価格を区別しながらも、「中心価格」は自然価格だと言っている。これはどういうことかというと……。

市場価格は、定義によって、需要と供給の関係によって上下するものだけれども、上下するときの「比較」の水準とは自然価格にほかならない。超過需要があるときは市場価格は自然価格を上回り、逆に超過供給があるときは市場価格は自然価格を下回るということ

(注5) https://gentosha-go.com/articles/-/20368 （２０１９年3月17日アクセス） 引用したのは、江藤宏氏（関西教育企画株式会社 灘学習院 学院長）の文章。

だ。

そして、労働や資本や土地の自由な移動が可能なら、換言すれば、自由競争が支配しているならば、市場価格は自然価格に絶えず引き寄せられる傾向があるはずだ。もしそうならないなら、労働や資本や土地の移動を制限する、換言すれば、自由競争を阻害する要因（独占や競争を制限する法律などを思い浮かべればよい）があるに違いない。スミスは、こう考えたわけだ。」

経太：「市場価格が自然価格に収斂《しゅうれん》するのを阻害する要因として独占が挙げられるということは、スミスの価値論がそのまま独占批判につながるということですね？」

杉本：「そうだね。しかし、その前に、スミスが自然価格について書いた文章をもう一度読んでおいたほうがいい。」

杉本先生は、そう言って、『国富論』から該当の文章を読み上げた[6]。

「ある商品の自然価格とは、その商品の値打ちの通りの価格であり、その商品を市場に供給した人にとって、実際に要した額に等しい価格である。ここでいう実際に要した額は、日常の言葉で原価や元値と呼ばれているものとは違って、資本の利潤を含んでいる。原価には売り手の利益が入っていないが、その地域での通常の利潤率を確保できない価格で商品を売れば、売り手は明らかに損失を被る。資本を別の分野に振り向けていれば、通常の利潤率を確保できたとみられるからだ。それに、利潤は売り手にとっての収入であり、生活を支えるために必要である。商品を生産し市場に運ぶ際に、売り手は雇った労働者に賃金を支払い、労働者の生活を支えている。そして同時に、自分の生活費を負担しており、この生活費は普通、商品を販売して得られると十分に予想できる利潤に見合っている。このため、それだけの利潤を得られない場合には、実際に要したといえる額を回収できないことになる。

したがって売り手は、そうした利潤を確保できる価格以下で商品を売ることがないわけではないにしても、かなりの期間にわたってこの価格以下で販売を続けるとは考えにくい。少なくとも、完全な自由があり、職業をいつでも変えられるのであれば、そうするとは考えにくい。」

杉本：「自然価格は、スミスによれば、平均的な利潤を含むコストと見なしてよいことになるけれども、ここには、見落とされやすい重要な指摘がある。モノを売るといっても、それは資本家の仕事だ。資本家は当然ながら最も利潤が稼げるところに資本を投じる。もし

(注6) アダム・スミス『国富論』上巻、前掲、58-59頁。傍線は引用者。

自由競争が貫徹しているなら、資本家同士の競争によって利潤率は平均的な水準に落ち着くはずだ。もしたとえば靴をつくる部門に資本を投じたときの利潤率が、帽子をつくる部門に資本を投じたときの利潤率よりも高いなら、資本家は資本を帽子部門から引きあげて、靴部門へ投じようとするはずだ。このような競争過程を経て、最終的に、利潤率は平均的な水準に落ち着く。のちに使われる用語でいえば、自然価格は、経済全体で均一という意味での「均等利潤率」が成立したときの価格だ。少し難しいが、わかるかな？」

経太：「〝均等利潤率〟が成り立つ背後には、そのような資本家同士の競争があるということですか？」

杉本：「そうだ。資本家は誰に指示されるまでもなくおのれの利益を一番よく知っている。彼らのもっている「資本」の「可動性」が、自由競争が保障される限り、究極的に「均等利潤率」をもたらす。ここが重要だ。スミスは、「商業社会」は、「資本」が主導権をもつ社会だということを正確に知っていたんだ。」

経太：「スミスが「資本主義」を発見したというのは、そういう意味なのですか！」

杉本：「その通り。以上のことがわかっていないと、スミスの価値論を、アメリカの教科書のように単なる「価格メカニズム」に置き換える誤りを犯すことになる。」

経太：「なんだか急に視野が開けてきました。」

杉本：「そうならよかった。あとは、スミスの峻烈な独占批判や、有名な「見えざる手」の件の記述をめぐる誤解もわかるはずだよ。」

経太：「ありがとうございました。勉強してみます。」

経太は、杉本先生の教えをときどき受けながら、学問には良き師にめぐり会えることがいかに大切かを思い知らされた。

先生の言う通り、スミスの独占批判は、価値論のところにすぐ登場していた。自由競争を妨害する行為、個人や貿易会社に与えられた独占権、同業組合の特権などは、すべて、市場で需要を満たすほど供給を増やさなくすることによって、自然価格以上の市場価格を成立させ、資本家に独占利潤をもたらすわけだ。

スミスの独占批判は、清々《すがすが》しいほどに徹底している[7]。

「独占価格はいつでも、売り手が獲得できる最高の価格である。これに対して自然価格、つまり自由競争による価格は、売り手が受け入れられる最低の価格である（いつでもそうだというわけではないが、かなりの期間にわたってみればそういえる）。独占価格はいつでも、買い手からしぼりとれる最高の価格、買い手が同意すると考えられる最高の価格である。自然価格は売り手が一般に受け入れることができる最低の価格、事業を継続できる最低の価格である。」

だが、杉本先生が指摘した「見えざる手」をめぐる誤解とは何を指すのか。経太は、これはとても難しい問題だろうと予想していたが、実際に『国富論』を読んでみると、それは比較的単純なことだった。だが、単純でも、誤解が多いだけにきわめて重要な問題だ。

スミスは次のように言っている[8]。

「ところで、どの社会でも年間の総収入はつねに、労働による年間の総生産物の交換価値に正確に一致する。というより、この交換価値とまったく同じものである。このため、各人が自分の資本をできるかぎり国内の労働を支えるために使い、しかも労働を生産物の価値がもっとも高くなるものに振り向けようと努力するのだから、各人はかならず、社会の年間の収入ができるかぎり多くなるように努力することになる。もっとも、各人が社会全体の利益のために努力しようと考えているわけではないし、自分の努力がどれほど社会のためになっているかを知っているわけでもない。外国の労働よりも自国の労働を支えるのを選ぶのは、自分が安全に利益をあげられるようにするためにすぎない。生産物の価値がもっとも高くなるように労働を振り向けるのは、自分の利益を増やすことを意図しているからにすぎない。だがそれによって、その他の多くの場合と同じように、見えざる手に導かれて、自分がまったく意図していなかった目的を達成する動きを促進することになる。そして、この目的を各人がまったく意図していないのは、社会にとって悪いことだとはかぎらない。自分の利益を追求する方が、実際にそう意図している場合よりも効率的に、社会の利益を高められることが多いからだ。社会のために事業を行っている人が実際に大いに社会の役に立った話は、いまだかつて聞いたことがない。もっとも社会のためにという考え方は、商人の間ではあまりみられないものなので、そのように考えるのをやめるべきだと説得するために言葉をつくす必要はない。

国内産業のうちどの部分に資本を使うべきか、どの部門であれば生産物の価値がもっとも高くなるかは、明らかに、政治家や立法者に判断してもらうまでもなく、各人がそれぞれの状況に応じてはるかに的確に判断できる。政治家にとって、資本をどのように使うべきかを民間人

(注7) アダム・スミス『国富論』上巻、前掲、65頁。

(注8) アダム・スミス『国富論』下巻、山岡洋一訳(日本経済新聞出版社、2007年)31-32頁。傍線は引用者。

に指示しようとすれば、配慮する必要などまったくない点に配慮する結果になるだけでなく、一人の人に任せることなどできないし、どのような協議会や議会にも安心して任せることができない権限、自分こそがそれを行使する適任者だと思い込むほど愚かで身の程を知らない人物が握れば危険このうえない権限を引き受ける結果になる。」

最初の傍線部分に「見えざる手」が登場しているが、経太は、これを「価格メカニズム」による需給調整機能と見なすことは無理があると思った。

そこに書いてあることは、各人が利己心に基づいて自分の利益が最大になるように努力すること、そして（「各人」とあって主語が特定化されていないのでわかりにくいが、資本を投じるのは明らかに資本家にほかならない）、資本家は資本がより安全で生産的労働者をより多く雇用できる自国内にまず投じるということに過ぎない。

資本家は、政治家や立法者に指示されなくとも、おのれの利益を一番よく知っている。したがって、資本の安全度と生産的労働者を雇用できる可能性が最大のところから順に資本を投じるだろう。

スミスは、資本は「節約」によって蓄積され、蓄積された資本は、その基準から、農業→製造業→国内商業→外国貿易、の順に投じられるのが最も効率的で自然な道だと考えていたが（「資本投下の自然的順序」）、これを押さえていれば、右の引用文はもっとわかりやすくなる。

つまり、「見えざる手」は、各人が意図していないにもかかわらず働く経済法則というのは許されるが、これを政府の干渉などをいっさい排除する自由放任主義とか、価格メカニズムによる需給調整機能とかに置き換えるのは正確ではないのだ。

アメリカの経済学入門書は、ほとんどすべて、「見えざる手」＝「価格メカニズム」＝「自由放任主義」のような書き方をしているが、実は、これは誤解に過ぎない。

経太が不思議に思うのは、専門家が半世紀も前に「アダム・スミス」＝「自由放任主義者」のような理解は誤っていると指摘しているにもかかわらず、いまだに、そのような誤解が消えないことだ。たとえば、経太が図書館から借りてきて読んだ岩波新書の『アダム・スミス』には、ハッキリとこう書かれていた。著者の高島善哉《たかしまぜんや》（1904-90）は、社会思想史の権威者だっただけに、その記述がのちの世代の経済学者やエコノミストにほとんど「無視」されたのは理解に苦しむ[9]。

「しかし経済というものは、個々人の人間の自由な活動に任せておいてさしつかえのない世界、というかむしろ、便宜上個々の人間の自由な活動に任せておいたほうがより効果的な世界なのである。スミスはこのことを便宜の原則が支配する世界だといって説明している。便宜の

（注9） 高島善哉『アダム・スミス』（岩波新書、1968年）84頁。傍線は引用者。

世界が支配するというのは、便宜上そうしたほうが国家や社会の繁栄のために好都合だという意味であって、厳密なルールをおしつけたり、上から権威や権力で強制したりしないほうがかえってうまくいく、これが経済の世界の性格だというのである。だからこれを裏からいうと、利己心は正義の限界の中で発揮されなければならず、経済人の活動は全体として国家社会の繁栄に役立つようにあらねばならないことになる。経済の世界というものは、無法者の世界でもなければ、ただ手ばなしの自由放任の世界でもない。スミスの書物のどこを探してみても、自然的自由、自由競争という言葉にはいたるところでお目にかかるけれども、自由放任という言葉はついに出てこないのである。これはスミスの社会哲学原理からいって当然のことなのである。」

杉本先生が指摘した、「見えざる手」をめぐる誤解がどのように生じたかも呑み込めたので、経太は、再び「資本投下の自然的順序」に戻ってきた。

スミスは、資本の安全性と生産的労働者を雇用できる可能性の大小を考慮して、資本が「農業→製造業→国内商業→外国貿易」の順に投下されるのが最も自然だと主張した[10]。

「……ものごとの自然な順序に従うなら、発展を続けている社会では、資本の大部分がまず農業に向けられ、つぎに製造業に向けられ、最後に貿易に向けられる。この順序はきわめて自然なので、ある程度の領土をもつ国ならどこでも、程度の差はあってもかならずこうなるとわたしは確信している。土地の耕作がある程度まで進んでからでなければ、規模の大きな都市はできないし、こうした都市で素朴な製造業がある程度まで確立されていなければ、みずから貿易に乗り出そうと考えることはできない。」

そうだったのだ。スミスは、このような「資本投下の自然的順序」を逆転させ、外国貿易を偏重する政策をとったがゆえに重商主義を厳しく批判したのだ。

『国富論』が、ある意味で、重商主義の体系を批判するために書かれた「時論」だというのも一理ある。重商主義批判の意図は、『国富論』のまさに冒頭の文章から予告されていたのだから。

スミスは、今日の教科書が教えるような、紋切り型の自由放任主義者ではなかった。経太は、岩波新書の『アダム・スミス』と同じような理解に到達して嬉しくなった。だが、同時にまだ気を抜いてはいけないと思った。『国富論』は未読部分が残っていると。

スミスは、原則として、国内では独占や規制のない自由競争を支持し、国外でも重商主義のような縛りのない自由貿易を支持した。だが、『国富論』を読み進めるにつれて、経太は、ス

（注10） アダム・スミス『国富論』下巻、前掲、393頁。

ミスは、そうすればただちに「自然的自由の制度」(system of natural liberty)が出来上がると考えていたかといえば、それほど単純な話ではないと思った。スミスはもっと奥が深いのではないかと。

自然的自由の制度は、たしかに、一つの「理想」であり、到達すべき「目標」である。だが、現実には、昔からある商習慣や同業組合などが自由競争を脅かしており、重商主義的規制の残存によって外国貿易も完全に自由とは言えない。

というよりも、スミスは、「実際のところ、貿易の自由がイギリスで完全に回復されるはずだと予想するのは、オシアナ(ハリントンの『オシアナ共和国』(1656年)に登場する理想的な共和国)やユートピアのような理想郷がイギリスに建設されるはずだと予想するのと変わらないほど馬鹿げたことである」[11]とさえ言っているように、現状を決して甘く見ていなかった。

だが、現実と理想との食い違いを自覚しているからこそ、「自由」への要求が過去のしがらみを打ち破る「社会改革」への要求とつながるのである。

スミスにとっての「自由」は、現状追認の消極的な性格とは相容れない。しかも、さらに重要なのは、そのような「自由」への要求は、たとえ「自然的自由の制度」が確立されてもなお不可欠な国家または政府の適切な役割とも決して矛盾しないことだ。

高校の政治・経済の教科書には、スミスは国家の役割は国防や治安維持などの最小限の役割しか認めない、いわゆる「夜警国家」を支持していたと書いてあった。だが、経太は、これは誤解を招きやすい記述だと思った。というのは、こういうことだ。

スミスは、たしかに、「自然的自由の制度」の下でも、国家は最低限三つ義務を負っていることを指摘している[12]。

「この三つの義務はきわめて重要だが、単純明快であり、常識で理解できる。第一は、他国の暴力と侵略から自国を守る義務である。第二は、社会の他の構成員による不正と抑圧から社会のすべての構成員を可能なかぎり守る義務、つまり厳正な司法制度を確立する義務である。第三は、ある種の公共施設を建設し、公共機関を設立して維持する義務である。この義務の対象になるのは、個人または少数の個人が建設・設立し維持しても、その経費を回収できないので利益をあげることはできないが、社会全体にとっては、その経費を回収してあまりあるほど有益なものである。」

すなわち、「国防」「司法行政」「公共事業」の三つだが、これは国家が責任をもつべき最低

（注11）同前、47頁。（　）内は引用者が補った。
（注12）同前、277頁。

限の三つと考えるべきで、スミスは、『国富論』のなかで、時と場合に応じて、この原則以外にも例外がありうることをいくつか挙げている。

たとえば、スミスは、イギリス国内で5ポンド以下の銀行券の発行を禁止したほうがよいという提案（少額の銀行券の発行を許すと、資力の乏しい銀行家が登場してくるが、彼らは倒産しやすいので、その銀行券で支払いを受けた多数の貧乏な人々をたちまち困難に陥れかねない）に続けて、「自然的自由の制度」も「絶対不可侵」というものではないことを指摘している。

スミスの思考は、柔軟かつ「中庸」を得たものなのだ[13]。

「個人が巨額であれ少額であれ、銀行家が発行した約束手形による支払いを受け取る意思があるのに、その受け取りを禁止するのは、また、地域の人がみな受け取る意思があるのに、銀行家に少額の約束手形の発行を禁止するのは、自然な自由をあからさまに侵害する行為であり、法律は本来、自由を侵害するのではなく、自由を守るためのものではないかという意見もあるだろう。こうした規制は確かに、ある点で自然な自由を侵害するものだといえる。しかし、少数の個人による自然な自由の行使が社会全体の安全を危険にさらしかねない場合には、どの国も政府の法律でも自由に制限を加えているし、加えるべきである。とくに専制的な政府でも、とくに自由を大切にする政府でも、この点に変わりはない。火災の拡大を防ぐために防火壁を作るように義務づけるのは、自然な自由を侵害する行為であり、ここで提案した銀行業務に関する規則も、自然な自由の侵害という点でまったく同じ種類のものである。」

もう一つ例を挙げると、スミスの自由貿易論も、輸入制限や関税などを一挙に撤廃して国内市場を外国人にも開放するというほど過激なものではなかった。スミスは、保護貿易から自由貿易への移行は、それによって損害を被る人たちの利害に配慮して、時間をかけて漸進的に進めるべきだと言っていた[14]。

「大規模な製造業の事業主は、国内市場が突然開放されて外国人との競争にさらされ、廃業せざるをえなくなれば、もちろん大きな打撃を受ける。事業主の資本のうち、原材料の購入や労働者への支払いに通常あてられている部分は、おそらくそれほどの困難もなく、別の用途を探せるだろう。しかし製造所、事業用の機器や設備に投じられた部分は、大幅な損失を被らずに売却することはまずできない。このため、事業主の利害に適正に配慮すれば、この種の変更は急激に実施するべきではなく、きわめて長期の予告期間をおいたうえで、ゆっくりと段階的

(注13) アダム・スミス『国富論』上巻、前掲、331頁。傍線は引用者。
(注14) アダム・スミス『国富論』下巻、前掲、48頁。

に実施すべきである。」

経太は、このようなスミスの思想を「自由放任主義」や「夜警国家」のレッテルを貼って受験生に暗記させるのは、経済学という学問への冒瀆《ぼうとく》ではないかとすら思った。スミスは自由主義者ではあっても、決して自由放任主義者ではないと。

経太は、以上をまとめて、杉本先生に電子メールで送ったが、数時間後、「Very good！しかし、スミスは始まりで、次は古典派のリカード、マルサス、J・S・ミルあたりまでを学んでいくことを期待します」という返信があった。そうだ。スミスはまだ始まりに過ぎなかったのだ。

スミスの『国富論』のページを何度もめくって考えてきたので、経太も少し疲れたようだった。そろそろ眠りに入る頃だ。……

＊　＊　＊

病床にあるスミスが見える。スミスは、『国富論』を上梓したあと、1778年、スコットランドの関税委員を拝命し、エディンバラに居を構え、関税委員の仕事のほかに、『道徳感情論』や『国富論』の改訂の仕事もこなした。

死期を悟ったスミスは、ジョセフ・ブラックとジェイムズ・ハットンの二人を遺言執行人に指名し、遺稿のほとんどを焼却するように依頼したという。

経太は、これほどの逸材の遺稿をほとんど焼却するとはもったいないと思ったが、スミスの意思は固かった。

機嫌のよいとき、一度だけ会話することができた。

スミス：「君はまた来たのか？」

経太：「お身体が案じられるので、出直しましょうか？」

スミス：「いやよい。私の命はもう長くはないはずだ。訊きたいことは訊いておくがよい。」

経太：「それでは、手短にお尋ねします。博士の「自然的自由の制度」は、一挙に実現するものではなく、利害関係者に配慮しながら一歩一歩近づいていくという意味で、かえって現実味を感じました。このような理解でよろしいでしょうか。」

スミス：「そうだ。「自然的自由の制度」を一挙に実現するなど無理な話だ。しかし、私は君にもう一つ別のことを「遺言」として言い渡したい。」

そういって、スミスは一呼吸おいた。

スミス：「私のあとには、私の自由主義を継承すると称する人物がたくさん現れるだろう。だが、世の中の人には私が持説をあたかも「普遍理論」のように展開したように見えたとしても、私はイギリス人としてのアイデンティティを一瞬でも忘れたことはない。『国富論』の中で、私は、オランダの海軍力や経済力を弱めるために制定された航海法（1651年）について、それは貿易のためには好ましくなかったが、イギリスの国益にはかなっていたと書いた[15]。「しかし、国防は豊かさよりもはるかに重要であり、航海法はおそらく、イングランドの商業法のなかでもっとも賢明なものだといえるだろう」と。
　ヨーロッパの大国で名を成した経済学者は、今後も「普遍理論」を展開するだろうが、彼らの言うことは注意して聴き給え。その背後には必ず「国益」が隠されているものだ。君は賢そうだから、そのことに気づくはずだ。」

経太：「承りました。それでは、お身体にさわりますので、これにて失礼します。」

スミスは、少しだけ肯《うなず》いたように見えた。だが、病は重く、スミスは、1790年7月17日、この世を去った。

＊　＊　＊

翌朝目覚めたとき、経太は、スミスの最期の言葉が重くのしかかった。経済学者とナショナリズムの関係――いままであまり意識したことはなかったが、スミス以後の経済学者の思想や理論を学ぶときに肝に銘じておこうと思った。

（注15）同前、40頁。

第6章

古典派経済学の形成

栄一君から連絡があった。数学で「三平方の定理」（いわゆる「ピタゴラスの定理」）を勉強しているので、ちょっと教えてほしいということだった。懐かしい定理だ。

そういえば、先日、元小学校長の先生が、自宅庭のコンクリート塀をキャンパスに三平方の定理を壁画にしたという新聞記事を読んだばかりだった[1]。

紀元前に生きたギリシャ人の数学を現代でも勉強しているのだから、気の遠くなる話ではある。だが、古代ギリシャやローマの思想は西洋の学問の源だから、それほど驚くことでもないのかもしれない。

さて、杉本先生のお宅に行ってみると、栄一君は三平方の定理の証明について何かもっとエレガントな証明はないものかと考えていたらしい。相似や正方形を使った証明は簡単だが、もう少しハイレベルの証明をして見せたら満足したようだ。栄一君は本当に数学が好きなのだろう。

今度は経太が杉本先生に面会する番になった。

杉本：「経太君、この前のレポートはA^{+}をつけてもよいほど出来がよかった。よく勉強したんだね。」

経太：「お恥ずかしい限りです。先生から、「スミスは始まりだ」という返信をいただいて、確かにその通りだと思っていたところでした。」

杉本：「そうか。スミスの次はやはりデイヴィッド・リカード（1772-1823）だ。スミスの『国富論』が、一国の富をどのように増やすかに関心をもっていたとすれば、リカードは、一言でいえば、土地の生産物が三つの階級（資本家、地主、労働者）の間にどのように分配されるのか、その法則を追究したと言える。」

経太：「〝成長〟よりも〝分配〟ということでしょうか？」

杉本：「そう言ってもよい。しかし、彼は主著『経済学および課税の原理』（初版は１８１７年）をスミスの価値論の批判的検討から始めて、周到にみずからの価値論を提示し、それと分配の理論を見事に結びつけた経済理論を構築した天才だ。古典派の中では一番手ごわいから覚悟しておいたほうがよいね。」

経太：「承知しました。リカードがどんな人物だったか、なにか推薦書を挙げて下さいませ

（注1） https://www.yomiuri.co.jp/national/20190306-OYT1T50124/（２０１９年3月20日アクセス）

んか？」

杉本：「うむ。小伝なら、『経済学および課税の原理』の訳書の「解説」にあるので、まずそれを読みなさい[2]。浩瀚《こうかん》な評伝なら内外に数種類あるけれども、これはいまは読まなくともよいと思う。参考書が必要なら、その辺の本を貸してあげるよ。」

経太：「ありがとうございます。」

杉本：「経太君、リカードには、スミスのような歴史や制度の記述はほとんどない。「論理」が大事だね。辛抱強くついていかないといけない。そうすれば、最後には、リカード体系がどんなものかが理解できるはずだ。」

経太：「わかりました。」

リカードの生涯を調べてみると、リカードがアムステルダム出身のユダヤ人の家庭に育ち、その後、ロンドンへと移住してきたこと、そして、父親の証券仲買人の仕事を見習い、みずからもストックブローカーとして財を成したことがわかった。

証券取引は経太には未知の世界だが、大金を稼いだ彼が、あっさりとその仕事から手を引き、田舎に大邸宅を構え、余暇を自分の好きな学問の研究に打ち込んだというのが面白いと思った。

青年期のリカードは、自然科学（数学、化学、鉱物学、地質学など）を好んでいたという。この点は、道徳哲学の研究から経済学へと向かったスミスとは明らかに違っている。杉本先生は、リカードは「論理」が大事だと言っていたが、どうも彼は自然科学のような厳密な思考法に向いていたようだ。『経済学および課税の原理』の訳者解説にも、次のように書いてあった[3]。

「『経済学および課税の原理』におけるリカードウ経済学の本質的特質は、一言にして言えば、抽象の方法と推論の重視にある。彼は地主・資本家・労働者の三階級間への分配比率決定

（注2）デイヴィッド・リカードウ『経済学および課税の原理（上・下）』羽鳥卓也・吉澤芳樹訳（岩波文庫、1987年）。この邦訳は第2版（1819年）によっている。なお、Ricardoの読み方は、本文では「リカード」で統一する。リカード経済学の入門書としては、真実一男『リカード経済学入門』増補版（新評論、1983年）、菱山泉『リカード』（日本経済新聞社、1979年）などがある。

（注3）羽鳥卓也・吉澤芳樹「解説」、リカードウ『経済学および課税の原理』下巻、前掲、304頁。

の本質的原因の探求と、分配比率変動の長期的法則の確定こそ経済学の主要課題だとするが、その場合に用いられた単純化と仮定設定による分析と推論の方法は、明らかにユダヤ系知識人のものであって、個別と経験を重視するアングロ・サクスンのものではない。経験的事実と例外、短期的法則と複合的現象を重視する論敵マルサスとの方法的相違は歴然としており、両者の著書や数多くの手紙による論争はかみ合わぬことが少なくなかったが、その理由の一半はこうしたユダヤ人とアングロ・サクスンとの思考体質の相違に求めるべきかも知れない。」

なんとなくイメージはつかめたが、経太は、この文章の中に出てくるマルサスの名前に記憶があった。トマス・ロバート・マルサス（1766–1834）、『人口論』（初版１７９８年）の著者として有名だ。

しかし、マルサスの名前を初めて教えてくれたのは、社会科ではなく数学の教師だった。等差数列と等比数列が出てきたとき、数学教師がマルサスの有名な『人口論』、とくに彼の人口抑制論の根拠は、この二つの数列の違いにあるというのだ。

もっと具体的にいうと、等差数列的に増加する（たとえば、1,2,3,4,5…というように）のは食糧、等比数列的に増加する（たとえば、1,2,4,8,16…というように）のは人口なので、この単純な算術がわかるなら、人口抑制の必要性は自明なはずだと。

経太は、本当にそんなことが書いてあるのかと図書館から本まで借りてきて読んだので、よく覚えている。確かにそう書いてあったときは、いつも淡々と黒板に証明を書いていくのが常だった数学の教師を見直した。

マルサスの言葉を念のために引用しておく[4]。

「人口は、制限されなければ、等比数列的に増大する。生活資料は、等差数列的にしか増大しない。数学をほんのすこしでもしれば、第一の力が、第二の力にくらべて巨大なことが、わかるであろう。」

この『人口論』のマルサスがリカードの親友だったらしい。だが、先の解説にあったような、「抽象の方法と推論」を重視するリカードと、「個別と経験」を重視するマルサスの違いは、まだよくわからない。

経太は、リカードとマルサスの生没年を見ながら気づいたが、彼らが生きた時代は、イギリスが産業革命を経て「世界の工場」として文字通り資本主義体制を確立した時期に当たっていたのだ。急いで世界史の教科書を取り出してみた。時代背景の説明としてピッタリの記述を見つけた[5]。

(注4) マルサス『人口論』永井義雄訳（中公文庫、1973年）23頁。

「産業革命をとおして、イギリスは農業中心の社会から工業中心の社会（産業社会）に移行した。産業革命以前の工業は手工業に基づくもので規模も小さく、農家の家内工業やギルド制手工業が残存していた。ところが産業革命によって大規模な**機械制工場**が出現し、大量生産で安価な商品が供給されはじめると、従来の家内工業や手工業は急速に没落した。一方、大工場を経営する**資本家**（産業資本家）は経済の大勢を左右するようになり、社会的地位を高めた。こうして**資本主義体制**が確立した。

産業革命の結果、それまでの生活様式は激変し、伝統ではなく進歩こそが望ましいものとされるなど、人々の生活感情や価値観も大きく変化した。**都市への人口集中**の結果、たとえば、マンチェスター・バーミンガムのような大工業都市や、リヴァプールのような大商業都市がうまれた。大規模な工場で働く**労働者**は、規律正しく働くことを強く求められるようになり、また団結する機会が増えたことで、労働者階級としての意識にめざめて、労働組合を結成した。他方、分業がすすんで、女性や子どもも工場や鉱山で働くことが可能になったが、当時の資本家の多くは利潤の追求を優先して、労働者に不衛生な生活環境のもとでの長時間労働や低賃金を強制した。そのため労働者と資本家の関係は悪化し、深刻な**労働問題・社会問題**が発生する一方、社会主義思想など、その解決をめざす思想も誕生した。」

経太は、この記述の中に、「資本家」と「労働者」は登場するものの、「地主」が登場しないことに気づいたが、その含意については、リカード経済学を学んだあとに立ち返ることにしよう。

さて、リカードは、先ほど触れたように、証券仲買人の仕事で財を成したので、1799年、夫人の療養のためにイギリスのバース（上流階級の保養地として知られており、現在でも温泉リゾート都市になっている）にしばらく滞在することになった。

その間、偶然、スミスの『国富論』を手にとったことが、リカードを経済学という学問の研究に向かわせることになった。リカードの『経済学および課税の原理』は、多年にわたる彼の思索が結晶したものと言ってもよいだろう。

だが、リカードの目には、スミスの『国富論』は多くの曖昧さや欠点をもつ本のように映ったようだ。したがって、リカードの『経済学および課税の原理』は、スミスの価値論の批判的検討から始まっている。

リカードのすごさは、価値論から始めて、土地の生産物の三階級（資本家、地主、労働者）への分配を規定する法則の解明にまでたどりついていたことだが、その狙いは、『経済学および課税の原理』の序文のまさに出だしの言葉に明確に表明されている[6]。

（注5）『詳説世界史B』（山川出版社、2016年）244頁。

（注6）リカードウ『経済学および課税の原理』、上巻、前掲、11頁。

「大地《アース》の生産物――つまり労働と機械と資本とを結合して使用することによって、地表からとり出されるすべての物は、社会の三階級の間で、すなわち土地の所有者と、その耕作に必要な資財つまり資本の所有者と、その勤労によって土地を耕作する労働者の間で分けられる。だが、社会の異なる段階においては、大地の全生産物のうち、地代・利潤・賃金という名称でこの三階級のそれぞれに割りあてられる割合は、きわめて異なるだろう。なぜなら、それは主として、土壌の実際の肥沃度、資本の蓄積と人口の多少、および農業で用いられる熟練と創意と用具に依存しているからである。

この分配を規定する諸法則を確定することが経済学の主要課題である。」

杉本先生が言った通りだった。リカードは、スミスの価値論のどこに曖昧さを感じたのだろうか。さっそく読んでみる。出端《ではな》から核心を突いた文章が出てきた[7]。

「ある商品の価値、すなわちこの商品と交換される他のなんらかの商品の分量は、その生産に必要な相対的労働量に依存するのであって、その労働に対して支払われる対価の大小に依存するのではない。」

これは簡単な文章のようだが、スミスの価値構成論を批判する意図を秘めたものだ。スミスは、資本の蓄積と土地の占有に先立つ「初期未開の社会状態」では、投下労働価値説が成り立つと考えた。その場合、労働の生産物は、賃金として労働者に帰属する。

ところが、「文明社会」では新たに資本の利潤と土地の地代が加わるので、「投下労働価量＝賃金」はもはや成り立たず、投下労働価値説に代えて支配労働価値説を主張した。そして、支配労働価値説の立場が明確に表れているのが、スミスの「自然価格」の定義だった。

自然価格＝賃金の自然率＋利潤の自然率＋地代の自然率

自然価格は市場価格が引き寄せられていく「中心価格」という意味で価値論の核心である。とすると、スミスは、賃金・利潤・地代の自然率を足し合わせることによって価値が決まると考えていたと言ってよいが、これを「価値構成論」と呼んでいる。

リカードは、スミスが労働価値説を「初期未開の社会状態」と「文明社会」に分けていることや、価値構成論の考え方のいずれにも納得がいかなかった。

リカードは、投下労働価値説は、「初期未開の社会の状態」でも「文明社会」でも、妥当すると考えた。モノの価値は、いずれにせよ、投下労働量によって決まる。そうして決まった一

（注7） 同前、17頁。ただし、傍点は外した。

定量の大きさの価値が賃金と利潤へと分配されるのだと。これを「価値分解論」と呼んでいる。価値構成論を維持する限り、(たとえば、穀物価格の上昇によって)賃金が上昇した場合、他のすべての価格も上昇してしまうことになるので、賃金が上昇したとき利潤がどのような影響を受けるのか、明確なことが言えなくなる。分配法則の確定を経済学の主要課題と考えていたリカードには受け容れがたい思考法だった。

投下労働価値説を一貫して堅持したリカードによれば、モノの価値は投下労働量によって一定の大きさに決まる[8]。それが賃金と利潤に分配されるので、何らかの理由で賃金が上昇した場合、必ず利潤が減少するという図式が成り立つことになる。

では、賃金はどのように決まるのだろうか。リカードは、この問題を商品の価値論の応用として考えている。つまり、モノの価格に「市場価格」と「自然価格」があるように、賃金にも「市場賃金」と「自然賃金」があるというのだ。

市場賃金は、労働市場における需要と供給の関係によって上下に変動するが、変動の中心にあるのは自然賃金である。

リカードは、自然賃金を「労働者たちが、平均的にみて、生存し、彼らの種族を増減なく永続することを可能にするのに必要な価格である」[9]と定義しているが、これは一言でいえば「生存費」ということである。労働市場における需給状況によって、市場賃金は自然賃金よりも高くなったり低くなったりするが、長期的には、生存費である自然賃金に引き寄せられていく。

経太は、リカードが、ここにマルサスの人口法則を巧みに採り入れていることに気づいた。市場賃金は、たとえば労働市場で超過需要があれば、一時的に自然賃金よりも高くなりうる。だが、生存費よりも高い賃金がもらえれば、労働者に生活のゆとりが生まれるので、やがて人口が増加していく。そして、やがて、労働供給の増加によって、労働市場の超過需要もなくなるので、賃金は再び生存費である自然賃金の水準に落ち着くだろう。

杉本先生が言ったように、リカードは論理を一つずつ積み上げるように理論を構築していく。これが訳書の解説にあった「ユダヤ的知性」というのだろうか。天才と言ってもよい。

ところで、先ほど、一定の大きさの価値が賃金と利潤に分配されるので、「賃金の上昇→利潤の低下」という図式が成り立つとわかったが、もう一つの地代はどのように決まるのだろうか。

実は、リカードは、地代論は別に「差額地代論」と呼ばれる理論を周到に用意していた。差額地代論は、土地の肥沃度には優劣があることを前提にしている。つまり、土地の耕作は、

（注8）リカードは、のちに、固定資本と流動資本の構成の違いや、固定資本の耐久度の違いなどが投下労働価値説を修正する要因となることを論じているが、投下労働量によって価値が決まるという核心部分は堅持している。

（注9）リカードウ『経済学および課税の原理』上巻、前掲、135頁。

もっとも肥沃度の高い（「生産性が高い」といっても「生産費がかからない」といっても同じ）土地から肥沃度の低い（「生産性が低い」といっても「生産費がかかる」といってもよい）土地へと耕作が進んでいくということだ。土地の生産力が耕作が進むにしたがって落ちていくことは、「収穫逓減《ていげん》の法則」と呼ばれている。リカードの差額地代論は、以上の前提の下で、穀物の価格が「限界地」（耕作に使用されている中で最も肥沃度の劣る土地）での生産費によって決まるというものである。

まだ説明が足りない。資本が蓄積され人口が増加するような社会では、もっとも肥沃度の高い土地の耕作だけで穀物を生産するだけでは足りず、やがて肥沃度の劣る土地が次第に耕作されるようになるだろう。だが、穀物の価格は限界地での生産費で決まるので、限界地よりも肥沃度の高い土地では余剰が生じる。これが地代となる。肥沃度の高い土地での生産費は、限界値での生産費よりも低いので、その「差額」は単純な引き算である。

もっともっと肥沃度の劣る土地まで耕作されるようになれば、それだけ限界値での生産費も上がるので、地代は上昇していく。この場合、限界地では地代は発生しないことに注意しなければならない。

したがって、リカードは、「地代が支払われるから穀物が高価なのではなく、穀物が高価だから地代が支払われるのである」[10]と差額地代論の核心を突くポイントを指摘している。

経太は、このような理論はいまだに「農業」が主要な産業であった時代の産物ではないかと思ったが、リカード体系そのものは見事に構成されているといたく感心した。つまり、リカード経済学は、体系を構成する「部品」を正確に理解していけば、次のようにまとめられるのだ。

資本蓄積の進行→労働需要の増加→市場賃金の上昇→人口の増加→穀物需要の増加→劣等地の耕作の拡大→穀物価格の上昇→地代の上昇と自然賃金の上昇→利潤率の低下

リカードは、利潤率の低下を回避するためには、外国の安価な穀物が輸入できるようにする貿易の自由化が必要だと主張したが、これは基本的に「産業資本家階級」の立場である。リカードの親友マルサスは、対照的に、穀物の供給を外国に依存し過ぎるのは安全保障上望ましくないとか、穀物輸入の自由化はイギリス国内の農工バランスを崩し不安定化要因となるとか、いくつかの理由から貿易の自由化には反対した。これは基本的に「地主階級」の立場である。

経太は、自分が勉強した範囲をレポートにまとめ、再び杉本先生にメールで送った。数時間後に返ってきたメールには、「その理解でよろしい。その他はまたうちでお話ししましょう」とあった。やはり残っている疑問は、杉本先生に訊くのが一番よいと思った。今夜の勉強はこ

（注10）同前、112頁。

れで終わりだ。

＊　＊　＊

また夢の世界に入ったのか、経太はロンドンとは明らかに違うところへ来たようだ。地名が書いてあるプレートはないかと探したが、ようやくHertfordshireという文字を見つけた。「ハートフォードシャー」ならイングランド東部の地域だが、ここに何があっただろうか。経太にはただちに思い浮かばない。

街をいろいろ探索するうちに、East India Company Collegeという大学を見つけた。これは東インド会社の教育機関だったカレッジだ。そういえば、リカードの親友マルサスは、このカレッジの歴史学と経済学の教授を務めていたのだ。

マルサスは『人口論』によっていち早く有名になったので、東インド会社カレッジの有名教授に違いない。マルサスの顔は、本にも写真が載っていたので知っているが、彼をつかまえることができるだろうか。

そばを通った若い学生らしき者が「ポップが……」と言っているのが耳に入ってきた。Popは現代ならポピュラー音楽のことだが、それではあるまい。そうだ。マルサスの評伝を読んでいたとき、彼は学生からPopという愛称で呼ばれていたことを思い出した[11]。

Popは、辞書には「おやじ、父さん」の意味も載っているが、経太は、たぶんこれはPopulation から来たのではないかと推測していた。しかし、愛称の由来は、いまはどうでもよい。どこに Pop はいるのか？

写真で見た覚えがある牧師のような人物をようやく探し当てた。誰か学生と話していたが、それも終わって、ようやく経太のほうを向いてくれた。

マルサス：「何か質問でもありそうな顔だね。」

経太：「はい。恐れ入りますが、ほんの少しうかがいたいことがあります。」

マルサス：「何かね？」

経太：「博士の親友リカード氏の『経済学および課税の原理』を読みました。理論構成が見事に体系を成していて驚嘆したのですが、博士はリカード氏の本とは異なる立場をとっているとうかがったものですから。」

（注11）　ケインズは、有名なマルサス評伝の中で、次のように述べている。His students called him "Pop". (J.M.Keynes, *Essays in Biography*, 1933, p.109)

マルサス：「リカードは稀《まれ》にみる切れ者だ。私は長く彼と文通しているが、どんな問題でもことごとく意見が違うというくらい思考パターンが異なっている。だが、お互いにその才能を認め合っているから、いつまでも親友でいられるのだろう。」

経太：「時間の制約があるので、見解の違いを全部うかがおうとはもとより思っておりません。経済問題に対するアプローチの仕方について、なにか示唆を与えていただければ幸いです。」

マルサス：「うむ。リカードは超一流の理論家だが、一つだけ不満があるとすれば、あまりに物事を単純化し過ぎて抽象化された理論モデルを構築する傾向があることだ。」

経太：「もっと経験論的な見方を重視するべきだということでしょうか。」

マルサス：「そういってもよい。私は、みずからも『経済学原理』（１８２０年）という本を書いたが、その序文にリカードの方法論に異を唱える趣旨の文章を書いた。」

そういうと、マルサスは、手元にあるその本の一節を読み上げた[12]。

「経済学では、単純化したいという願望があるために、特定の結果を生み出すのに一つ以上の原因が作用しているのを認めたがらなくなった。それゆえ、もし一つの原因がある種の現象の大部分を説明するならば、その全体はその一つの原因の結果だと見なされて、そのような解決を許しそうもない事実に十分な考慮が払われないままになっているのである。」

マルサス：「リカードの本は確かに傑作だが、それを読むときは、私のいまの言葉を肝に銘じておきなさい。」

経太：「承知しました。」

マルサスは、それを聞くと肯《うなず》くように去って行ったが、経太は、マルサスの言葉は、リカードの訳者解説にあった、リカードの「抽象の方法と推論の重視」と、マルサスの「個別と経験を重視する」方法との対照に関係があるに違いないと思った。

しかし、具体的にどれがそうなのかは、まだ勉強してみなければわからない。

（注12） マルサスの『経済学原理』は、すでにパブリック・ドメインに入っているので、インターネット上のウェッブサイトで読むことができる。以下を参照のこと。
https://oll.libertyfund.org/titles/malthus-principles-of-political-economy

＊＊＊

翌朝目覚めた経太は、マルサスの文章の所在を確認した。リカード対マルサスの対立が、古典派経済学の時代の二大知性による論争の記録として現代にまで語り継がれているのは素晴らしいことだ。

だが、経太は、以前世界史の教科書を読み返したとき、資本主義体制の階級として地主階級が落ちていたことが気になっていた。いろいろ調べて考えたが、これはこういうことではないかと思った。

リカードは、みずからの理論体系において、資本蓄積の進んだあと、いずれは利潤率の低下が生じることを見越して、安価な穀物の自由輸入を認める自由貿易の利益を主張した。

当時イギリスには地主保護のために外国産の穀物の輸入を制限する穀物法という法律があったが、リカード経済学は、この法律の撤廃を主張する産業資本家の理論的根拠になったわけだ。

これに対して、マルサスは、安価とはいえ穀物のような主食を外国に依存し過ぎるのは国家の安全保障上危険だし、穀物輸入の自由化は国内の農工バランスを崩し不安定化要因となるなどの理由を挙げて穀物法を擁護した。

この点で、マルサスが地主階級の利害を擁護する立場をとっていたことは間違いない。

ところが、この論争に究極的に勝利したのはリカードだった。資本主義の発展とともに産業資本家が次第に政治的にも勢力を拡大し、穀物法を廃止（1846年）することに成功したのである。

その頃には、リカードもマルサスもこの世を去っていたが、地主階級の政治力が背後に退いたあとは、資本家と労働者の対立が激しくなっていく。しかし、この時代については、いずれまた語る時が来るだろう。

経太は、次に杉本先生に会いに行く日を心待ちしていた。栄一君には中学で習うような数学はもうすでにほぼ全部教えてしまったので、様子を見ながら高校数学に入っていこうと思っていた。それにしても、よくできる中学生だ。英語を読む力も並の中学生以上だし、もっと高度な英文法や英作文を教えてもよさそうだ。

杉本先生のお宅に伺う日が来たとき、経太は、『高校への数学』（東京出版）という雑誌を鞄の中に入れていた。この雑誌は、数学好きの中学生には好評の雑誌で、経太も以前愛読していた。この雑誌で中学数学を復習しながら、高校数学を教えていくつもりだ。

栄一君は、雑誌を面白そうに眺めていたので、「この問題をどちらがよりエレガントに解けるかやってみようか」と言ってみたが、「先輩にかなうはずがないよ！」と断られてしまった。

杉本先生は、出掛ける前の時間を割いて下さった。

商品	イギリス	ポルトガル
ぶどう酒	120	80
毛織物	100	90

杉本：「穀物法をめぐるリカードとマルサスの対立を理論的に理解できたようだね。」

経太：「はい。それはなんとかわかりました。」

杉本：「リカードは古典派の時代の真の天才だね。穀物の自由輸入を主張するだけではなく、なぜ自由貿易がたとえばA国とB国にとって利益になるか、その理論モデルまで考えている。これは「比較生産費の原理」というけれども、比較的簡単だから、このホワイトボードをみてごらんなさい。」

そういって、杉本先生は、『経済学および課税の原理』の外国貿易を扱った章に出てくる数字例を表に書いた。

生産要素は労働だけで、国際間の労働の移転はないと仮定する。世界はイギリスとポルトガルの二国だけで、ぶどう酒と毛織物という二つの商品を生産するとする。表は、それぞれの商品を1単位生産するのに労働量がどれだけ必要か（たとえば、1年間に何人の労働が必要か）、数字で示してある。

杉本：「この表を見ると、ぶどう酒でも毛織物でも、その生産にはポルトガルのほうが必要な労働量はイギリスよりも少ない。これを、ポルトガルは二つの商品の生産において「絶対優位」をもっていると表現する。

しかし、リカードは、「比較生産費」に注目し、この場合でも貿易の利益はあると主張する。たとえば、貿易前、イギリスでは1単位の毛織物は約0.8（100／120）単位のぶどう酒と交換されるが、もしポルトガルとの自由貿易がおこなわれるならば、イギリスがポルトガルに毛織物を輸出することによって、その1単位を現地でぶどう酒と交換することによって、約1.1（90／80）単位のぶどう酒を手に入れることができる。

同じく、貿易前、ポルトガルでは、1単位のぶどう酒は約0.9（80／90）単位の毛織物と交換されるが、もしイギリスとの自由貿易がおこなわれるならば、ポルトガルがイギリスにぶどう酒を輸出し、その1単位を現地で毛織物と交換することによって、1.2（120／100）単位の毛織物を手に入れることができる。

要するに、リカードは、イギリスでは、毛織物のぶどう酒に対する相対コスト（これを「比較生産費」と呼ぶ）がポルトガルよりも安く、逆に、ポルトガルでは、ぶどう酒の毛織物に対する相対コストがイギリスよりも低いことに注目したんだ。そのような比較生産費の違いがあれば、イギリスとポルトガルにとって、自由貿易の利益はあるのだと。これを「比較生産費の原理」とか「比較優位の原理」と呼んでいる。」

経太：「なるほど。そうなのですね。しかし……」

経太は、あることが頭をよぎった。この数字例では、イギリスが毛織物という軽工業の商品の生産に特化し、ポルトガルがぶどう酒という農産物の生産に特化することになる。それは暗にイギリスは工業国で、ポルトガルは農業国であることを「運命づける」ものではないのか？

産業革命が進んで「世界の工場」となったイギリスの経済学者が「比較生産費の原理」という一見「抽象理論」を説くとき、そこには工業国として世界の先頭を走っている国の利益を暗に「正当化」するような意図はなかったのか？

経太：「先生、こういうのが許されるのかどうかわかりませんが、リカードの「比較生産費の原理」は、「世界の工場」としてのイギリスの国益を正当化するものと理解するのは間違いでしょうか？」

杉本：「間違いとは言えないね。その後の世界史の流れを見れば、「自由貿易」の名のもとに何が起こったかは明白だから。しかし、歴史に名を残すほどの学者の理論を勉強するときは、まず、そのモデルを論理的一貫性が欠落することがないかどうかを確認しながら理解することが大切だね。そのあとで、その理論が歴史的にどのような意味をもったり、役割を演じたりしたかを考察するほうがよいと思う。」

経太：「わかりました。穀物法論争でリカードが産業資本家を擁護したときは、安全保障上の理由のような「国益」を挙げて穀物法によって地主階級の利害を擁護したマルサスに比べて、進歩的でカッコよく見えたのですが、そのリカードにしても、外国貿易論ではやはりイギリス人だったということですね。今日もありがとうございました。」

経太は、うちに帰ってから、スミスの「遺言」をかみしめていた。――自分のあとに続く自由主義者たちが、いかに「普遍理論」を説いているように見えたとしても、必ず理論の背後には「国益」が見え隠れしているだろうと。

世界史の教科書をまたひもといたが、やはり「自由貿易」の名のもとにイギリスと後にその植民地にされた国（たとえば、インド）の間には、深刻な摩擦が生じたことが記述してあった。そして、すっかり忘れていたが、東インド会社は、やがて貿易会社からインドの統治機関へと移行していたのだった。ちゃんとメモしておこう[13]。

（注13）『詳説世界史B』（山川出版社、２０１６年）289-290頁。

「インドが世界に誇っていた綿布生産も産業革命以降、イギリス製の機械製綿布や綿糸が流入してインド製品を圧倒しはじめ、１８１０年代末には輸出入が逆転した。その結果、19世紀前半のインドは、綿花や藍などの原材料をイギリスに輸出し、イギリスから工業製品を大量に輸入する立場へと転落した。

インドは、それらの貿易赤字を中国へのアヘン・綿花の輸出や、東南アジアやアフリカへの綿製品輸出、イギリスへの一次産品輸出などによっておぎなうという多角的な貿易構造の形成で対応した。

このような貿易構造と経済体制の変化は、イギリス産業革命によって力をつけてきた産業資本によって、イギリスが自由貿易体制へと移行する動きと連関した変化でもあった。そのなかで、東インド会社の特権への批判が強まり、１８１３年の特許状改定でインドとの貿易独占が廃止された。つづく33年の特許状改定で、残されていた茶の取引と中国貿易の独占権が廃止されただけではなく、商業活動そのものの停止が定められた（翌34年に実施）。こうして貿易から締め出された東インド会社は、インドの統治者へと変身することとなった。」

第7章

リカードからミルへ

高校数学は、最初は中学数学の延長のようなものだが、三角比が出てくるところあたりから、数学の好き嫌いが次第にハッキリしてくる。経太は、出来のよい栄一君には中学のうちに三角関数、微分積分、ベクトル、行列は教えておきたいと思ったが、もちろん、あまり詰め込み過ぎにならないようには注意したい。

昔、青版の岩波新書の名著『数学入門（上・下）』（1959－60年）を書いた遠山《とおやま》啓《ひらく》（1909–79）は、晩年、教育現場に偏差値や一斉テスト準備などが導入されようとしている頃、それらをひとりひとりの個性を殺す教育だと批判した『競争原理を超えて――ひとりひとりを生かす教育』（太郎次郎社、1976年）を上梓したが、経太も一読して反省するところあり、栄一君に無理難題を押し付けることは厳に慎まなければならないと思った。

ところで、宿題のようにまだ後を引いているのが、リカードとマルサスの関係である。両者の見解が対立したのは、前の章でみた穀物法論争のときだが、実は、もう一つ、「セーの販路法則」をめぐる争点があった。

セーの販路法則とは、フランスの経済学者ジャン・バティスト・セー（1767–1832）の名前にちなんだ法則を指している。

この考え方によれば、商品生産社会では、売り手はまた買い手でもある（やわらかくいえば、何かモノを購買するには手元にあるモノを売らなければならないということ）ので、商品の供給には必ず需要がついてくるという。

典型的なのは物々交換のケースで、この場合は、たしかに、モノの供給とモノの需要は離れがたく結びついている。たとえ貨幣が導入されたとしても、貨幣が「交換手段」としてのみ使われるだけなら、物々交換のケースと本質的には違わない。

ここでも、セーの販路法則が成り立つのである。

だが、貨幣経済が発達し、貨幣が交換手段としてだけでなく、「価値貯蔵」の手段として需要されるようになると、モノの供給に必ず需要がつくという考え方は成り立たなくなる可能性がある。

実は、古典派経済学の時代に、この視点を突き詰めて考えて厳密に理論化した学者はいなかったので、ここまでいうのは先走り過ぎている。だが、リカードやマルサスの時代は、セーの販路法則がそのまま成り立たなくなるような転換期に差し掛かっていたと言ってもよい。そうでなければ、この法則をめぐって、論争が生じるはずはない。

リカードは、この論争において、セーの販路法則を基本的に承認した。といっても、リカードは、生産部門間の調整に時間がかかることはあるので、部分的過剰生産が生じることは認めている。だが、それは一時的なもので、長期的には、一般的過剰生産は生じ得ないという立場をとった。

これに対して、マルサスは、次のように反論した。リカードは、セーの販路法則を「公理」

であるかのように見なしているが、「経験」によれば、生産と消費の間のアンバランスは、単に一時的なものではなく、かなりの期間にわたって持続しうる（実際、リカードやマルサスと同じ時代を生きたフランスの経済学者シスモンディは、リカードの『経済学および課税の原理』の数年後、『新経済学原理』１８１９年と題する著作の中で独自の恐慌論を展開している）。

その意味で、マルサスは、一般的過剰生産は生じうると考えていた。では、生産と消費の間のアンバランスが生じたとき、どうすればよいかというと、マルサスはそのときこそ地主階級の不生産的消費がアンバランスを解消する役割を演じるのだと主張した。したがって、地主階級の所得である地代が十分に確保されていることが、足りない需要を補う重要な源泉になるのだというのだ。

ここでも、マルサスは、地主階級の利害を擁護していることになる。

だが、マルサスの視座は、20世紀に入って、ケインズによって「有効需要の原理」という新しい理論モデルへと発展していくことになった。ケインズは、先ほど少し触れたように、貨幣の「価値貯蔵」手段としての役割も明確に取り込んだ理論体系を提示することになるのだが、その話はまだ先にとっておこう。ただ、ケインズがマルサスの先見性を高く評価したことは記憶にとどめておきたい[1]。

「もしかりにリカードウではなくマルサスが、19世紀の経済学がそこから発した根幹をなしてさえいれば、今日世界はなんとはるかに賢明な、富裕な場所になっていたことであろうか！」

経太は、リカードの訳者解説にあった、マルサスの「個別と経験を重視する」方法とはこういうことを指すのかと初めて理解できた。

念のために、杉本先生に電子メールで教えを乞うたが、「基本的にはそれでよい。しかし、ケインズのマルサス賛美は行き過ぎというのが大方の経済学史家の見解だから注意しなさい。リカードはやはり古典派時代の天才であり、あくまでリカードが主流だったことを忘れてはいけないよ」と返信があった。

経太は、杉本先生から経済学を教わるようになってから、歴史や数学の勉強をするときでも、経済学との関連が気になり始めた。とくに、歴史の教科書はすでに学んだはずなのだが、ときになんとなく読み過ごしていた箇所があって、反省するばかりだ。

リカードやマルサスが亡くなったあと、資本家と労働者の階級的対立が先鋭になり、資本主義体制を批判するさまざまな社会主義思想が登場してくるが、その時代の教科書の記述を再びめくってみた[2]。

（注1） J・M・ケインズ『人物評伝』大野忠男訳（東洋経済新報社、1980年）136頁。

「産業革命期のイギリスでは人口が急増し、全体として国の富は増大していたものの、労働者の生活は悲惨であった。工場主オーウェンは労働者の待遇改善をとなえ、労働組合や協同組合の設立に努力し、また、失敗に終わったが、共産社会建設もこころみた。イギリスでは1833年**工場法**が制定されて、年少者の労働時間が制限されたのをはじめとして、労働条件はしだいに改善されていった。フランスでも**サン＝シモン**、**フーリエ**らが労働者階級を保護する新しい社会秩序を樹立しようとした。これらの社会主義者は工場や土地などの生産手段を社会の共有にして資本主義の弊害を除き、平等な社会を建設すべきであると説いた。またルイ＝ブランは生産の国家統制を主張し、プルードンはすべての政治的権威を否定する無政府主義をとなえた。

さらにドイツ生まれの**マルクス**は友人**エンゲルス**と協力して、資本主義体制の没落は歴史の必然であるとする経済学説を展開し、労働者階級の政権獲得と、国際的団結による社会主義社会の実現を説いて、以後の社会主義運動に大きな影響を与えた。その思想（**マルクス主義**）は、1848年に発表された『**共産党宣言**』に要約されている。」

順調に発展してきたかにみえた資本主義体制も、19世紀半ばには、社会主義思想の影響を受けた人たちの批判にさらされるようになったということだが、経太は、リカード以後の経済学の展開については、もう少し杉本先生の教えを乞いたいと思った。

栄一君の勉強をみる日がやってきた。これから三角関数を教えようかと思っていたとき、「三角関数なんて役にも立たないものを教える必要はない」と切り捨てた有名人の言葉がきっかけとなり、ちょっとした論争になったことがあった[3]。

栄一君はそんな論争は知らないが、経太は、家庭教師を引き受けたときから、「役に立つ」「役に立たない」を基準に教える内容を取捨選択するようなことは絶対にしないと決めていた。栄一君もただ「知りたい」という知識欲が強いので、あえてそのような区分には関心がない。もし実生活に「役に立たない」を基準に教える内容を破棄していたら、究極的に人生に深いかかわりがある「哲学」も必要ないということになってしまうので、教育そのものが成り立たない。

経太が杉本先生に経済学を教えてもらっているのも、何かに「役に立つ」だろうと考えているからではない。そもそも、そんなことがわかるほど、経済学に詳しくもない。ただ、ケネー、スミス、リカードのような学問の歴史に名を残すような偉大な知性が、経済社会のメカニズムについて、どのような理論モデルを提示したのか、それが知りたいだけであ

（注2）『詳説世界史B』（山川出版社、２０１６年）260－261頁。
（注3）https://www.huffingtonpost.jp/tatsuwo-moriyama/trigonometric-function_a_23634967/（２０１９年３月26日アクセス）

る。

もちろん、学んだことがいつか何かの助けになることはあるかもしれない。しかし、それは、いまはどうでもよい。

杉本先生は、書斎で誰かと面会中だったが、用が済んだあと、経太を招き入れてくれた。

杉本：「リカードとマルサスの間の見解の違いがよく呑み込めたようだね。」

経太：「おかげさまでなんとか理解できました。世界史の教科書には、リカードのあとは、資本主義体制を批判する社会主義思想がいろいろ登場してきたように書いてありましたが、今後はそれを勉強するべきなのでしょうか。」

杉本：「いや、リカードのあとは、ジョン・スチュアート・ミル（1806-73）を学んだほうがいいね。ミルはイギリスの経済学者というよりは19世紀の偉大な教養人だけれども、経済学史では、「最後の古典派」という位置づけだ。ミルは、さまざまな社会主義の思想も熱心に学んだ上で、最終的には、資本主義から一足飛びに社会主義へと体制移行するよりも、資本主義の弊害を着実に除去していったほうが個人の自由が守られるという立場に到達した思想家と言ってよい。この意味では、資本主義を革命によって打倒して社会主義体制を樹立しようとしたマルクスやマルクス主義者とは対照的だね。」

経太：「ミルは、新倫理の教科書の中に出てきました。功利主義のところだったと思います。」

杉本：「ミルの功利主義論は、もっと先に回してもよいと思う。彼の経済学上の主著は、『経済学原理』（初版は1848年）だけれども、初学者がこの本をいきなり読んでもどこが重要か、わかりにくいだろうな。しかし、幸い、ミルはみずからの思想形成について詳しく綴った『自伝』（1873年）を書いているので、それを読んでみなさい。その上で、「生産法則と分配法則の峻別」を説いた『経済学原理』の該当部分を読んでみるのがよい。そこは、ミルの特徴がよく表れている箇所だから、丁寧に読む必要がある。そして、余裕があれば、専門知識はとくに要らないので、『自由論』（1859年）も読んでみなさい。」

経太：「承知しました。」

『ミル自伝』は岩波文庫ですぐに見つかったが[4]、読み始めるやいなや、ミルの父ジェームズ・ミルによる息子への驚くべき早教育の実態（3歳でギリシャ語、8歳でラテン語、12歳で論理学、13歳から経済学というように）が綴られていて、経太は恐れ入ってしまった。よくそれに耐えたものだ。

だが、1826年には重い鬱《うつ》状態に陥っているので、どこかでやはり無理があったのではないか。ミルは、自分が受けた知的訓練について、子供の頃から何でも「分析」してしまう習慣がついてしまって、「感情」や「想像力」の発達が遅れたようなことを書いていた。

ミルは、若い頃から父の友人だったジェレミー・ベンサム（1748–1832）の功利主義を叩き込まれ、青年時代にはひとかどの論客として論壇にデビューしていたが、1826年秋に初めての挫折を経験したわけである。この辺を読んで、経太は、やはり新倫理で習ったことが気になって、教科書を引っ張り出した[5]。

ベンサムの「功利主義」は、「快楽」と「苦痛」を天秤にかけ、苦痛を減らし、快楽を増やすのが「幸福」につながると考えた。「快楽計算」という言葉も、「最大多数の最大幸福」という言葉も、経太は覚えていた。

しかし、続くミルについての記述は、記憶が曖昧だった[6]。

「ベンサムの影響を受けながらも、異なる人間観から出発した**J．S．ミル**は、次のように主張する。

人間は、快楽の追求という利己的な一面をもつ一方で、みずからすすんで苦痛を引きうけることもできる。また、快楽には身体的・物質的なものだけでなく、内面的・精神的なものもある。「満足した豚であるよりは不満足な人間であるほうがよく、満足した愚か者よりは不満足なソクラテスのほうがよい」（『功利主義』）ということばは、快楽には個人的差異があり、何を求めるかが大切だということを示している。

人間が求める快楽には量的に計算できないものもあり、計算することのできない精神的快楽を、より質の高いものとしてミルは尊重する。快楽に質の差を認めるこの立場を**質的功利主義**という。人間の精神的側面を強調したミルは、制裁についても、良心という**内的制裁**を主張した。」

このような立場は、功利主義の否定というよりは修正だろうが、経太は、ミルが「精神的危機」を経験し、それを克服する過程で次第に形成したものに違いないと思った。

ミルは大変な勉強家で、イギリスの学問ばかりでなく、ヨーロッパ大陸のロマン主義やフランスの社会主義思想なども広く学んでいるが、その成果として、リカード経済学が「自明」の

(注4) J・S・ミル『ミル自伝』朱牟田夏雄訳（岩波文庫、1960年）
(注5) 『高等学校　新倫理』改訂版（清水書院、2016年）
(注6) 同前、111頁。

ものとしていた資本主義体制を歴史的に相対化する思想をもつようになった。

ミルは、『ミル自伝』の中でサン＝シモン派の影響について、次のように書いていた[7]。

「普通の意味の自由主義思想に対する彼らの批評には、重要な真理が多分にふくまれているように私には思えた。私有財産や遺産相続を動かしがたい事実と考え、生産と交換の自由を社会改良の最後の切札と考える古い経済学は、きわめて局限された一時的の価値しか持たぬことにはじめて私の眼があいたのは、なかばは彼らの著作によることであった。」

さすがに杉本先生のアドバイスは的確だった。『ミル自伝』の中には、ミルの経済学を理解するためのヒントを至るところで発見することができた。

スミスは未来を見越すように資本主義を「発見」したが、産業革命の進行とともに「世界の工場」となったイギリスで次の時代の経済学をリードしたリカードは、資本主義体制を「自明」のものとして取り扱った。

ところが、ミルの時代となると、資本家と労働者の対立が次第に激しくなり、資本主義体制が「永遠」に続くという考え方が疑われるようになった。ミルは、一言でいえば、転換期の経済学者だった。

経済学者としてのミルの主著は『経済学原理』（初版は1848年）だが、1848年といえば、マルクスとエンゲルスの『共産党宣言』が出された年でもある。

何やら因縁めいているが、資本主義体制が微妙な時期に差し掛かっていたことだけは予想がつく。

杉本先生は、ミルが「生産法則と分配法則の峻別」という視点をもっていたことを指摘してくれたが、『ミル自伝』の中にも、それがリカードまでの経済学にはなかった新しい見方として紹介されていた[8]。

「その調子はどこから生まれて来たかというと、それは主として、富の生産の諸法則（これは対象自身の性質にもとづく完全な自然法則である）と、その分配の方式（このほうはいくつかの条件下に人間の意志によって決定される）との間に当然な区別を立てたことから生み出された。普通の経済学者はこの両者を同じ経済法則の名のもとに混同して、人間の努力によってくつがえしたり修正したりすることはできないものと考え、われわれの地上での生存にともなう不可変の諸条件に依存するものと、実は特定の社会機構の必然的結果にすぎずしたがってその機構がかわれば当然かわるようなものと、その双方に同じ必然性を認めようとする。」

（注7）ミル『ミル自伝』、前掲、148－149頁。

（注8）同前、214頁。傍線は引用者。

「一定の制度と習慣とが与えられれば、賃金や利潤や地代等は一定の原因によって決定されるのであるが、この派の経済学者たちは、そういう不可欠の前提条件を見おとして、これらの諸原因が、人間の力ではどうにもならぬ内在的な必然性によって、生産物の分配にあたっての労働者、資本家、地主、三者それぞれの取り分を決定するのだと論ずる。私の「経済学原理」は、これらの諸原因がその前提となる諸条件のもとでいかに作用するかを科学的に理解しようと目ざした点では、先輩諸氏のどの著書にもあえてひけをとるものではないが、ただそれらの諸条件を最終的なものとは扱わないという点で新機軸を出した。経済法則は自然の必然性だけによってきまるのではなく、それと現存の社会機構との組み合わせによってきまるものだから、当然それは一時的なもの、社会改良の進度によって大いに変化を受けるべきものと、本書は扱ったわけである。」

ミルは、もっと踏み込んでいえば、分配法則を、生産法則とは違って、「一定の制度と習慣」が変われば変わりうるものと捉えることによって、資本主義体制における現在の分配の不平等を政策によって改善しうるのだと主張したのである。

とすれば、資本主義体制から一足飛びに社会主義に体制変化せずとも、資本主義の弊害を漸進的に除去しながら進歩していくというコースをとることができる。

杉本先生は、ミルを「最後の古典派」と呼んでいたが、革命のような過激な手段ではなく、資本主義の弊害を漸進的に改革していくことによって労使対立を緩和し、自由社会の理想に近づいていくという考え方は、イギリス人の「中庸」を好む気質にも合っていたのはないだろうか。

以上をレポートにまとめて杉本先生に電子メールで送ったら、しばらくして、「そこまで理解できたのなら、『経済学原理』の中で資本主義と社会主義の体制比較をしている箇所も読んでみなさい」と返信があった。これは宿題として、今夜の勉強はここで終わるとしよう。

＊　＊　＊

経太は夢の中で中世の歴史的建築が至るところにある街に来たようだ。明らかにイギリスの都市ではなさそうだ。道行く人がフランス語らしい言葉を喋っている。しかし、パリでもないだろう。セーヌ川もノートルダム大聖堂もない。

やはり地名の書いてあるプレートを探さなければならない。ようやくAvignonとあるのを見つけた。それなら、南仏プロヴァンスの都市「アヴィニョン」だ。また反則業だが、タブレットでアヴィニョンの観光案内を調べると、中世のゴシック建築の残る「世界遺産」だという[9]。

(注9) https://avignon-tourisme.com/en/welcome/（2019年3月27日アクセス）

しかし、どうしてこんなところにいるのか。昨夜は『ミル自伝』を熱心に読んでいたのだが……。そうだ。晩年のミルは、アヴィニョンで暮らし、その地で亡くなっていたのだった。病気で臥《ふ》せっているのなら、会いに行くのは憚《はばか》られるが、機嫌のよいときに一目でも会えないものか。

ミルは、1858年、ヨーロッパ旅行中に夫人のハリエット・テーラーが病気で亡くなったあとも、夫人が前夫との間にもうけた娘ヘレンに助けられながら余生を過ごしたという。幸い、ヘレンの知り合いにつてがあり、ほんの5分くらいなら面会できることになった。

ミルは、顔色はよいとは言えなかったが、頭脳は明晰で、まだなにか一仕事できるかのような気迫が残っていた。

経太：「お会いできて光栄です。今日は一つだけうかがいたいことがあって参りました。」

ミル：「あなたの手元にあるのは、拙著『経済学原理』のようだが、その本に関係のあることですか？」

経太：「はい。博士が「生産法則と分配法則の峻別」を打ち出し、分配の不平等を政策的に是正する可能性を示唆したことに感銘を受けました。これはリカード経済学にはない視点だと思うのですが、幼い頃からご尊父に叩き込まれたリカードの思考法から抜け出すのに困難はなかったのでしょうか？」

ミル：「もちろん、ありましたよ。リカードは天才です。私は天才ではありませんが、誰よりも他人の意見からよい部分は採り入れることについては特別の嗅覚をもっているつもりです。資本主義体制をリカードのように「自明」と前提するのではなく、歴史的に進化していくものと考えるようになったのは、サン・シモン派の影響が大きかったと思いますが、私は、それにとどまらず、リカードがなんとか避けようとした「定常状態」も、見方を変えれば、物質的進歩から精神的進歩へと向上していくよい機会にすればよいとあえて積極的に評価しました。そのような見解はいまだに「異端」ではありますが。」

経太：「〝定常状態〟は利潤がゼロになるので、ふつうの産業資本家は歓迎しないと思いますが、博士がそれでもそれを積極的に評価したのは、産業資本家に利潤追求以外の役割を期待してからでしょうか？」

ミル：「おお、あなたはよいことを言いますね。「幸福とは何か」というのは、単なる経済問題ではないのです。私は、自己の利益ばかり追求するのではなく、他者や社会のために献身する、そのような態度を人類が身につけなければ、真の幸福はないと考えています。」

経太：「貴重な示唆をいただき、厚くお礼申し上げます。」

ミル：「ごきげんよう。」

経太は、ミルが非常に丁寧な言葉遣いをしたことに驚いたが、「定常状態」をめぐる「異端」の評価については、あとでもう一度確認する必要があると思った。

しかし、残念ながら、まもなくミルは、１８７３年5月8日、アヴィニョンにて丹毒のため死去した。

＊＊＊

ミルは、杉本先生が言ったように、単なる経済学者というよりも、偉大な知性のオーラを放つ教養人のようだった。もちろん、夢の中で見た印象だから、どこまで当たっているかわからない。だが、「教養人」というのは、人を威圧するというよりは、人を包み込むような度量をもっているのかもしれない。

「定常状態」とは、リカード経済学において、資本蓄積の進行が進めば進むほど、劣等地の耕作が必要になり、穀物価格の上昇→地代の増加と自然賃金の上昇→利潤率の低下、というプロセスを経て、最終的に、利潤（＝［全生産額－地代］－賃金総額）がゼロとなるような状態だ。

リカードは、産業資本家の立場に立って、定常状態を回避するために、外国の安価な穀物輸入を自由化する（そうすれば、穀物価格が低下し、生存費で決まる自然賃金が低下するので、利潤がゼロになるような事態は回避される）ことを提言した。

ところが、ミルは、定常状態になれば、物質的進歩ばかりでなく、精神的進歩を大事にするようになるから好ましいとさえ言っているのだ[10]。

「改めて指摘するまでもないが、資本と人口の定常状態が人間的発展の停止状態を意味するものでは決してない。定常状態でも、以前と同じように、あらゆる種類の精神的文化や、道徳的および社会的進歩の余地が十分にあることに変わりないだろう。また「生活様式」を改善する余地も以前と変わりなく、むしろそれが改善される可能性は、人間の心が出世する術に夢中

（注10）ミルの『経済学原理』もパブリック・ドメインに入っているので、以下のテキストから私が訳出する。
https://oll.libertyfund.org/titles/mill-the-collected-works-of-john-stuart-mill-volume-iii-principles-of-political-economy-part-ii

にならなくなるときに遥かに大きくなるだろう。産業の技術さえも、以前と同じように熱心に、かつ成功裏に開拓されるだろう。唯一の違いは、富の増大という目的だけに奉仕する代わりに、産業上の改善が労働を節約させるという、そのもっともな効果をもたらすだけになるだろうということだ。」

「それゆえ、資本と富の停止状態に対しては、旧学派の経済学者たちが一般に本気で嫌悪感を露わにしてきたのだが、私は、そのような定常状態を彼らほどの反感をもって考えることができないのである。私はむしろ、定常状態が、全体として、私たちの現在の状態を著しく改善するだろうと信じたいくらいなのである。告白すると、私は、人間の正常状態が成功するために苦闘することだと考えている人たちが固執しているあの人生の理想には魅力を感じないのである。すなわち、お互いの足を踏みつけ、押しつぶし、押し分け、踏みつぶすことが現在の社会生活の典型を成しているのだが、それが人類の最も望ましい運命だとか、産業的進歩の一つの段階の決して不愉快な兆候ではないという考えには与することができないのである。」

経太は、資本主義とは「資本」が主導的な役割を演じる経済体制のことだと教わってきた。スミスからリカードまでの経済学はそうだった。

だが、ミルに至って初めて、資本の利潤追求を超えて、他者や社会への献身が「幸福」につながるとか、定常状態においてこそ人間の精神的進歩への道が開けるとか、そんなことをいう経済学者にめぐり会った。

もちろん、ミルは、経済学以外にも、代議政治論、功利主義論、自由論、女性解放論等々、いろいろな分野で活躍したので、経太には、彼がそのような視点をどれほど首尾一貫して主張していたのかはわからない。

しかし、経太は、すでに19世紀半ばのイギリスに、このような知性が現れていることに感銘を受けた。

杉本先生に例によって勉強したことをレポートにして電子メールで送ったが、数時間後、今回は珍しく長い返信が来た。有り難いことだ。

「経太君、あなたの向学心にはいつも敬服しています。ミルは偉大な教養人だったけれども、自分自身の仕事については控えめにしか語らなかったために、後世に過小評価されたかもしれないと思います。

ミルは、私が学生の頃は、「ブルジョア経済学者」としてマルクスやマルクス主義者に貶められていたので、それほど人気が高いとは言えませんでした。しかし、ベルリンの壁の崩壊後、マルクス経済学の人気が失墜したので、ようやくミルもマルクスとの対比ばかりでなく、もっと広い視野で研究できるような環境が整ってきたように思います。

ミルは、誠実な社会主義者たちを尊敬していました。自分でも認めているように、一時は社会主義の方向に傾斜し過ぎたこともあります。しかし、彼は優れたバランス感覚の持ち主で、時間とともに、社会主義の下で個人の自由が尊重されるかどうか、国家によって画一性が強要されることはないかどうか、批判的な眼で物事を判断するようになりました。そして、到達した結論が、資本主義体制を打倒して一気に社会主義へと移行するよりも（これはマルクスとエンゲルスが主張したことですが）、資本主義の弊害を漸進的に除去しながらもっと高い理想（たとえば、効率と公平を両立させる経済体制を目指すような）を目指すほうが個人の自由も個性も保てるというものだったのです。

経太君なら、そのようなミルの特徴はすでにつかんでいるかもしれませんが、次にマルクスを学べば、彼との対比でミルの「中庸」の美徳がよくわかると思います。」

杉本先生から返信をもらってから、経太は、再び『経済学原理』をひもといたが、ミルは、自分が生きている時代の思考法をそのまま将来に当てはめるようなことは控えて、教育を通じる将来の知性の向上に委ねたという意味でも、非常に誠実な思想家だったという好印象を新たにした。経太は、とても含蓄《がんちく》のある言葉なので、メモしておくことにした[11]。

「私には次のように思われる。すなわち、社会改良の大きな目的は、人類を教育することによって、最大の個人的自由と、現在の財産法規が意図してもみなかった労働の成果の公正な分配を結びつける社会の状態を実現するための準備を整えることであると。このような精神的かつ道徳的教養の状態が実現されたとき、ある形態の個人財産（もっとも、現在のそれとは非常にかけ離れた形態ではあるが）と、生産手段の共有と生産物の調整された分配のどちらが幸福に最も好都合な環境をもたらし、人間性を最大限に完成させるように最もうまく適合しているかどうかは、その時代の国民の決断に委ねられるべきであるというのが安全かもしれない。現世代の人々がこれを決定する権限はないのである。」

（注11）同前。

第8章

マルクス経済学

2018年は、カール・マルクス（1818-83）生誕200年に当たっていた。マルクスにふだん関心がなくとも、朝日新聞の文化面に記事が出たので、経太でも知っていた[1]。マルクスの壁の崩壊以後、マルクス経済学の権威は地に落ちてしまったが、経済学よりも広い視野に立つ思想家としてのマルクス研究が死滅したわけではない。

しかしながら、経太が面白くその記事を読んだのは、マルクスの生地トリーアに中国から「友好の証」として高さ5．5メートルのマルクス像が贈られてきたものの、地元では必ずしもそれに対して歓迎一色ではなかったらしいということだ。旧東ドイツで共産主義による人権の抑圧などを経験した人たちは、それを苦々しく見ていたと。

他方、2018年には、日本でも『マルクス・エンゲルス』という邦題をもつ映画（フランス・ドイツ・ベルギー合作、監督はラウル・ペック）が上映された[2]。こちらは青年期のマルクスやエンゲルスに焦点を当てているので、経済学上真に「革命的」な内容ではないが、マルクスもエンゲルスも知らない若者が増えたので、それなりの啓蒙的な役割は果たしたのではないだろうか。

そんなことを考えながら、杉本先生のお宅に到着した。栄一君はスマートフォンを操作していたが、経太の顔を見ると、それをしまった。

経太：「ところで、栄一君はマルクスの名前は知っている？」

栄一：「先輩、中学生をなめてはいけませんよ。マルクスは、歴史の教科書にちゃんと出てきます。」

経太：「ええ!!　ちょっと見せてもらえるかな?」

経太は、栄一君から中学で習う歴史の教科書をめくってみた。ほんの少し顔を出すだけかと思ったら、意外にしっかりと記述してあった[3]。

「資本家は、少しでも多くの利益をあげるため、労働者を安い賃金で雇い、長時間働かせました。改良された機械は、熟練した技術をもたない者でも操作できたことから、女性や子どもも雇われました。また、都市では工場が建てられ、人口も集中した結果、生活環境が悪化しました。こうしたなか、労働者たちは、自分たちの生活と権利を守るために労働組合をつくって団結し、さらに、労働者を中心に平等な社会をめざそうとする**社会主義**の考えが、マルクスら

(注1) https://www.asahi.com/articles/ASL555WG7L55UHBI01Z.html（2019年3月28日アクセス）
(注2) https://eiga.com/movie/88435/（2019年3月28日アクセス）
(注3) 『社会科　中学生の歴史』（帝国書院、2015年）143頁。

によってとなえられました。」

本文で以上のように記述しているほかに、マルクスについては、脚注で「資本主義の問題を追究した人」と題して次のような説明が書いてあった[4]。

「19世紀半ば、ドイツのマルクスは、労働者の貧困の原因は資本家が工場や土地を私有しているためであり、貧困をなくすためには、資本家や地主がいない社会をつくり、工場や土地を共有するべきだ、という社会主義を説きました。彼は、労働者のために生涯をささげ、彼の思想は世界中に影響を与えました。」

これは栄一君に失礼なことを尋ねてしまった。と経太は思ったが、大人が高校の教科書の内容を忘れているように、自分も中学で習ったことを忘れていたのかもしれないと反省した。だが、学問としてマルクス経済学を学ぶ場合は、やはり杉本先生のアドバイスを乞うほうがよいと思った。

杉本先生は、みずから書いた原稿が校正ゲラになったものを読んでいたので、経太は、しばらく先生の書斎にあるソファに座って蔵書を眺めていた。偉大な経済学者の全集が原典版で揃っていた。『ケネー全集』、『リカード全集』、『ミル全集』、それに『ケインズ全集』もあった。

これだけ読むには、ずいぶん時間がかかりそうだなと考えていたとき、杉本先生から声がかかった。

杉本：「ミルの次はマルクスだね。マルクス経済学は、私の学生時代には、圧倒的な人気があった。先進国であれほどマルクスやマルクス主義の著作が読まれたのは、日本くらいではなかったかな。もちろん、経太君もよく知っているように、ベルリンの壁の崩壊後、マルクス経済学の権威は地に落ちてしまったけれども、2018年はマルクス生誕200年に当たっていたので、新聞や雑誌によくマルクスの特集が組まれた。何度も不死鳥のように復活してくるのが、偉大な思想家の証かもしれない。」

経太：「先生、私にはまだマルクスの偉大さはよくわかりませんが、高校の新倫理の授業で習ったマルクスの疎外論は面白いと思いました。」

杉本：「高校ではマルクスの疎外論を教えるのかな？」

(注4)　同前。

経太：「新倫理の授業は、受験科目に日本史や世界史を選択した友人はほとんど居眠りしていますが、私は思想や哲学は割と好きなので、面白く聴いていました。」

杉本：「どんな点が面白かったのかな?」

経太：「記憶を頼りに答えますので、間違ったら指摘して下さい[5]。マルクスは、人間は他者とのつながりの中で生きる「類的存在」として捉えましたが、資本主義体制の下では、私的所有の原理が支配しているので、類的存在を否定された「人間疎外」が生じるということだったと思います。」

杉本：「かなり正確に理解しているよ。経太君がいま答えたのは、マルクスの初期の著作『経済学・哲学草稿』（第一稿は1844年に執筆）に書いてあることだ。この本は、最近、哲学者の長谷川《はせがわ》宏《ひろし》氏の名訳で光文社古典新訳文庫に入ったので、暇があれば読んでみなさい。

マルクス経済学の頂点は『資本論』なのだけれども、彼の生前に刊行されたのは第1巻（1867年）のみで、第2巻（1885年）と第3巻（1894年）は、マルクスの死後、親友のエンゲルスが編纂《へんさん》して出版したものだから、注意する必要がある。私は、入門段階では、第1巻の大まかな内容を知っていれば十分だと思う。
しかし、経太君には、『資本論』をいきなり読むのはすすめない。それよりは、先に触れた『経済学・哲学草稿』の疎外論、マルクスとエンゲルスによる『共産党宣言』（1848年）に表れている階級闘争論や唯物史観《ゆいぶつしかん》などを先に学ぶことをすすめたいね。『資本論』そのものは、大学に入ってゆっくり読めばよい。ただし、資本による労働の「搾取《さくしゅ》」の基本公式は知っておいてもよいと思う。」

経太：「わかりました。もとより『資本論』全三巻をいま読み通せる力があるとは思っておりません。先生のアドバイスに従って、『資本論』を読むのに必要な準備段階の勉強に専念するつもりです。」

経太は、うちへ帰る途中、書店に寄って、杉本先生が推奨した長谷川宏訳の『経済学・哲学草稿』を買い求めた。マルクスの文章は難渋かと思っていたが、たしかに、長谷川訳はよく出来ていて、意味不明の文章はないようだ。
長谷川氏は、東大の博士課程まで進学して哲学を学び、一時は1968年に始まった全共闘

（注5）『高等学校　新倫理』改訂版（清水書院、2016年）114－115頁参照。

運動にも参加したが[6]、まもなく大学教授ではなく市井《しせい》の哲学者として執筆や私塾の主宰などに専念するようになったらしい。そういえば、マルクスも市井の哲学者だったので、学問の評価を「象牙の塔」にいるかどうかで判断してはならないかもしれない。

マルクス初期の疎外論は、高校の新倫理にも出てくるくらいなので、とてつもなく難しいということはない。経太は、ここにくるまで、スミス、リカード、ミルと読んできているので、マルクスの次のような文章を読んでも驚きはなかった[7]。

「国民経済学は、私有財産という事実から出発する。が、それがいかにして成立したかを説明はしない。私有財産が現実にたどる物質的な過程を一般的・抽象的に定式化し、それを法則と見なす。国民経済学はこの法則を概念的に把握しないし、法則が私有財産の本質からどう出てくるかを説明しない。国民経済学は労働と資本が分離し、資本と土地が分離していく根拠について、なに一つ説明しない。たとえば、資本の利潤と賃金との関係を定義する際に、国民経済学が最後の根拠とするのは資本家の利害だ。国民経済学は、説明すべきことを前提にしてしまっている。同様に、至る所に競争が入りこむが、そのありようが外的事情からしか説明されない。偶然的に見える外的事情がどこまで必然的な発展の表現なのかを、国民経済学は教えてくれない。国民経済学にとっては交換そのものでさえ偶然の事実に見えることは、すでに見た通りだ。国民経済学者が車輪として利用するのは、所有欲と、所有欲に駆られた者たちのあいだの戦い――競争――だけだ。」

「国民経済学」とはドイツ的な表現で、「古典派経済学」と言い換えてもよい。マルクスは、スミスに始まる古典派経済学が労働が「富」の本質であることを認識し、貴金属のように人間の外にあるものとした重商主義の誤謬《ごびゅう》を乗り越えたことを正当に評価している。

だが、マルクスの不満は、古典派経済学が「私有財産」の枠内でしか物事を考えることができなかったことだ[8]。

「すべての富は産業的な富――労働の富――となる。産業こそは労働の完成形であって、工場制度は産業の、つまり労働の、成熟したありさまであり、産業資本は私有財産の完成した客観的な形態である。」

（注6）「全共闘運動」といっても、若者にはチンプンカンプンだろうが、当の長谷川氏による回想は読んでおいても損はない。
https://webronza.asahi.com/culture/articles/2018081000008.html（２０１９年3月29日アクセス）
（注7）カール・マルクス『経済学・哲学草稿』長谷川宏訳（光文社古典新訳文庫、２０１０年）89－90頁。
（注8）同前、139頁。

経太は、高校の新倫理で習ったことを反芻《はんすう》しながら考えた。マルクスによれば、人間は他者とのつながりの中で生きる「類的存在」のはずであった。人間の労働も、本来は、想像の喜びを伴うものであったはずなのに、私的所有の原理が支配する社会では、いろいろな意味で「疎外」が生まれる。

たとえば、労働者は生産した生産物を自分のものにすることができない（労働生産物からの疎外）。労働力も「商品化」されて、自発的ではない労働を強いられる（労働からの疎外）。疎外が幾重にも積み重なると、人間の人間からの疎外が生まれる、というように。

経太は、経済学の古典を読むうちに、偉大な学者の文章や語り口の「リズム」をつかむと後は読みやすくなることに気づいた。

マルクスは、スミスに比べるとやや難しかったが、「疎外」「疎外」……と続くうちに、リズムがつかめるようになった。結局、すべての疎外は私的所有の原理から生じるという結論になるので、私的所有制が廃棄されない限り、問題を根本的に解決することができないのだ[9]。

「私有財産のおかげで、わたしたちのものの考え方は大変に愚かで一面的なものになっているため、なにかを自分のものだと感じるにはそれを所有しなければならない。つまり、それが資本として手元に存在しなければならない。あるいは、それを直接に手にするとか、飲むとか、身につけるとか、要するに、それを使用するのでなければならない。とはいえ、私有財産の立場からすれば、所有を直接に体でもって実現するこうしたすべての行為は、生活の手段にすぎない。そういう行為を手段としてなりたっている生活とは、私有財産の支配下にある生活であり、労働と資本化にもとづく生活である。

かくして、すべての肉体的・精神的な感覚に代わって、すべての感覚を単純に疎外したところになりたつ「所有」の感覚が登場してくる。人間は、自分の内面的な富を自分の外へと産み出すために、所有の感覚という絶対的貧困へと追いこまれざるをえなかったのだ。」

（注9）同前、152-153頁。

初期の疎外論と並んで、杉本先生に学ぶように指示されたのが、「唯物史観《ゆいぶつしかん》」という考え方だ。マルクスは、ヘーゲルの研究から出発したが、ヘーゲルが世界を精神の自己運動として捉える哲学を批判し、むしろ人間の物質的生活こそが世界を動かすのだと考えた。

マルクスは、生産における人間と人間の関係を「生産関係」と呼んでいる。資本主義社会では、もちろん、これは資本家と労働者の関係として現れる。生産関係は「生産力」と結びついて生産をおこなうが、生産力がつねに拡大していく傾向にあるのに対して、生産関係はなかなかそれと歩調を合わせて変化できない。

したがって、ある段階で、生産力と生産関係の矛盾が生じ、それが激化して「階級闘争」に発展していく。

このような唯物史観を政治的パンフレットの形で鮮明に提示したのが、マルクスとエンゲルスによる『共産党宣言』（1848年）である。「ブルジョア」（資本家階級）と「プロレタリア」（労働者階級）という言葉が頻出し、「今日までのあらゆる社会の歴史は、階級闘争の歴史である」[10]というような有名な言葉がいくつも登場する。

経太は、『共産党宣言』を読みながら、マルクスが私的所有制の廃棄と革命によるプロレタリア階級の政権を樹立するという結論の方向にもっていきたいのはわかったが、ブルジョア階級が封建社会の桎梏《しっこく》をすべて破壊し、莫大な生産力を実現することに成功した事実に決して目を瞑《つむ》っているわけではないことにも注目した。

ただ、資本主義社会におけるそれ以上の生産力の拡大が、資本家と労働者による生産関係と矛盾するようになり、しまいには、それを破壊するということなのだ[11]。


「ブルジョア階級の存在と支配にとってもっとも本質的な条件は、私人の手中への富の集積、すなわち資本の形成と増殖である。資本の条件は賃金労働である。賃金労働はもっぱら労働者相互のあいだの競争にもとづく。工業の進歩の無意志無抵抗な担い手はブルジョア階級であるが、この進歩は、競争による労働者の孤立化の代りに、結合による労働者の革命的団結を作り出す。だから、大工業の発展とともに、ブルジョア階級の足もとから、かれらに生産させ、また生産物を取得させていた土台そのものが取り去られる。かれらは何よりも、かれら自身の墓掘人を生産する。かれらの没落とプロレタリア階級の勝利は、ともに不可避である。」

『経済学・哲学草稿』も『共産党宣言』も、それほど大きな本ではないので、経太でも読めてしまったが、一応、レポートにして杉本先生に送っておいた。杉本先生からは日をおいて今度もやや長めの返信があった。

「経太君のマルクスへの関心を満足させるほどの読書案内ではなかったかもしれないけれども、『経済学・哲学草稿』の疎外論と、『共産党宣言』の唯物史観《ゆいぶつしかん》はマルクスの思想の基本だから、しっかりと押さえておいて下さい。

先日話した「資本による労働の搾取《さくしゅ》」は、『資本論』に出てくるのだけれども、簡単にいえば、こういうことだ。――マルクスは、労働力も「商品」とみなしたので、他の商品と同じように、労働力の価値はそれを再生産するのに必要な労働時間によって決まる。いま、それが8時間だとすると、それを「必要労働時間」と呼ぶ。しかし、資本家は、労働力という商品を価値通りに購入しながらも、その労働を自由に処分することができるので、8時間以上のたとえ

(注10) マルクス、エンゲルス『共産党宣言』大内兵衛・向坂逸郎訳(岩波文庫、改版2007年)40頁。
(注11) 同前、60－61頁。

ば12時間の労働時間を労働者に課す。8時間を超える4時間は、「剰余労働時間」と呼ばれる。資本家は、剰余労働時間を労働者に課すことによって、「剰余価値」を手に入れることができるわけだ。「資本による労働の搾取」とは、これを指している。

いまの段階では、『資本論』はこれくらいにしておいて、一通り経済学の流れをつかんでから挑戦することをすすめます。しかし、これだけ学んだだけでも、ミルの「中庸」路線とマルクスの「革命」路線の違いは理解できたのではないかと思います。」

経太も杉本先生のアドバイスに従うことにした。ただ、もうひとつ、調べものをしていたとき、マルクスのM－C－M´（Mは貨幣、Cは商品、M´＝ΔMはより多くの貨幣）という公式は、簡潔ながら本質を突くものなので、自然と頭に入った。

要するに、資本主義社会では、生産手段を所有する資本家は、資本としての貨幣を増殖させることを目的としているということなのだが、経太は、これは、現代の資本主義にも当てはまる公式だと直感的に思った。もし資本としての貨幣の増殖に失敗するようなら、その資本家はやがて淘汰《とうた》されていくに違いない。

それにしても、日本人は戦前からなぜマルクスに惹《ひ》かれてきたのだろうか。そう疑問に思って調べていくうちに、『貧乏物語』（1917年）の著者で京都帝国大学教授を務めた河上 肇《かわかみはじめ》

（1879–1946）に行き着いた[12]。河上肇は、いまでは、マルクス経済学者としての名声が勝っているけれども、『貧乏物語』を書いた頃の河上は、まだマルクス主義者にはなり切れておらず、進歩的インテリというべき立場に立っていたという。これも岩波文庫で小さな本なので、すぐ読めそうだ。しかし、今夜の勉強はこれで終わりだ。

＊　＊　＊

赤レンガ造りの立派な大学の大教室にきている。戦前の帝国大学らしい。経太は、タブレットで周囲に何があるか調べてみたが、吉田神社や知恩寺などが出てきたので、京都帝国大学に違いないと直感した。

教壇には、河上肇博士が、経済学を講じている。隣の学生を見ると、『資本主義経済学の史的発展』（１９２３年）という専門書を開いているので、これがテキストになっているのかもしれない。経太も知っているような概念が出てくるが、講義の内容は半分もわからない。しかし、博士の情熱だけは十分に伝わってくるし、学生も熱心に講義を聴いているようだ。

講義が終わっても、博士は学生たちの質問攻めにあっている。経太は、もう帰ろうかと思ったが、ようやく学生たちが去ったので、博士に話しかけてみることにした。

（注12）河上肇『貧乏物語』大内兵衛解題（岩波文庫、改版１９６５年）

経太：「河上博士、一つだけおうかがいしたいことがあるのですが。」

河上：「何かね？」

経太：「博士の『貧乏物語』を読みました。博士は、貧困問題を現代の経済制度の必然的な産物として捉え、イギリスを例にとって貧困対策（自由党の政治家ロイド＝ジョージの社会政策）を具体的に紹介しておられますが、その本の結論部分に、最善の貧困退治は「富者の奢侈《しゃし》廃止」だとあるのはなぜでしょうか？」

博士は一瞬ギョッとしたようなしぐさを見せたが、落ち着きを取り戻すと、次のように語り始めた。

河上：「君はなかなか鋭いところを突いてくるね。たしかに、『貧乏物語』は、マルクス経済学の眼から見ると、不徹底な作品だった。その不徹底さを教え子の櫛田民蔵《くしだたみぞう》に厳しく批判されたのも事実だ。だが、あれからマルクスの著作を読み直し、まだ十分とは言えないが、『資本主義経済学の史的発展』を書いた。その本も、唯物史観《ゆいぶつしかん》の理解が足りないと櫛田に批判されているが、さらに研究を深めて次作（のちに『経済学大綱』と題して1928年に刊行される）の構想を練っているところだ。」

経太：「私にはまだマルクスの思想や理論の理解が十分ではないので、ピント外れなことをうかがったかもしれませんが、それでも、『貧乏物語』は、目下最大の経済問題ともいってよい「貧困問題」に社会の関心を向けさせた意義が大きいと思っていたので、あえて質問してみました。」

河上：「うむ。そう言ってくれるのなら有り難いことだ。だが、マルクスは偉大な思想家だから、そう簡単には論じきれない。私が最終的な解釈に到達するのはまだ数年先だろうから、しばらく待っていてくれたまえ。」

経太：「承知しました。ご多忙のところ、どうもありがとうございました。」

＊　＊　＊

翌朝目覚めた経太は、『貧乏物語』をめくってみた。たしかに、マルクス主義者なら言わないはずのことが書いてあると思った。たとえば、いくつか引用してみよう[13]。

「すなわち人は境遇を造り、境遇もまた人を造る。しかしながらそのいずれが本《もと》なりやと言えば、境遇は末で人が本である。それゆえ、社会問題の解決についても、私は経済組織の改造という事をば、事の本質上より言えば、根本策中の根本策とはいい得られぬものだというのである。」

「奢侈《しゃし》ぜいたくをおさゆることは政治上制度の力でもある程度まではできる。しかし国民全体がその気持ちにならぬ以上、外部からの強制にはおのずから一定の限度があるということは、徳川時代の禁奢令の効果を顧みてもわかることである。それゆえ私は制度の力に訴うるよりも、まずこれを個人の自制にまたんとするものである。縷々《るる》数十回、今に至るまでこの物語を続けて来たのも、実は世の富豪に訴えて、いくぶんなりともその自制を請わんと欲せしことが、著者の最初からの目的の一である。貧乏物語は貧乏人に読んでもらうよりも、実は金持ちに読んでもらいたいのであった。」

河上の評論や評伝の類を読むと[14]、彼は、長きにわたり、「組織改造」を主張する「社会主義経済学」と、「人心改造」を主張する「人道主義経済学」の間で悩み続けた思想家で、晩年に書いたものの中にも後者の残照が見られるという。経太には、まだ詳しいことはわからないが、そのような誠実な学者がわが国にいたということを誇ってもよいと思った。

暇があったので、経太は、書店に寄ってみた。

経済学のコーナーを眺めていたら、『21世紀の資本』山形浩生訳（みすず書房、2014年）というマルクス経済学？　と思わせるタイトルの大部の本を見つけた。著者は、トマ・ピケティというフランスの経済学者（パリ経済学校教授）らしい。ずっしり重い。とそのとき、

杉本：「経太君じゃないか。また大きな本に関心があるようだね。」

という杉本先生の声が後ろから聞こえた。

経太：「いえいえ。ただ眺めていただけですが、これはマルクス経済学の本なのですか？」

杉本：「全然そうじゃないね。タイトルはそれらしいけれども、内容は、数世紀にわたる統計資料を使って富の不平等を実証的に研究したものだ。」

（注13）　同前、120頁、137頁。

（注14）　杉原四郎編『河上肇評論集』（岩波文庫、1987年）、河上肇『祖国を顧みて』（岩波文庫、2002年）、杉原四郎『旅人河上肇』（岩波書店、1996年）などを参照。

経太：「そうなのですか。紛らわしいタイトルですね。」

杉本：「そうだな。経太君、ちょっとそこでコーヒーでも飲まないか。」

経太は、「はい」と肯《うなず》いて先生と一緒に喫茶店に入った。

ピケティの本は、数年前、大部であるにもかかわらず、世界的なベストセラーになった。タイトルは、確かに、マルクス経済学を連想させるものだが、内容は、スタンダードな経済分析の手法によって数世紀にわたる富の格差の実態を実証的に明らかにした研究だ。日本でも、ＮＨＫの番組が特集を組んだこともある[15]。

経太：「ピケティという経済学者は、何が専門なのですか？」

杉本：「一貫して所得分配の研究をしているね。格差問題が専門と言ってもよい。彼は昔の課税記録の調査から、たとえば母国フランスでは18世紀後半にまで遡る富のデータを突きとめ、それに独自の推論を加えることによって格差の推移を明らかにしていった。気の遠くなるような作業だが、一種の執念だね。」

経太：「それで何がわかったのでしょうか？」

杉本：「一言でいうと、欧米では確かに累進課税や相続税が強化され、一時的に格差が縮小した時期があったが、ヨーロッパの「ベル・エポック」（19世紀末から第一次世界大戦の勃発までの時期。パリが最も煌《きら》びやかな繁栄を謳歌した）やアメリカの「金ぴか時代」（南北戦争終結後の１８６０－７０年代、アメリカの急速な経済発展を背景に現出した金銭崇拝の風潮を揶揄した言葉）のように、資産の不平等から経済格差が生まれているほうがふつうであり、現代でも、１９７０年代後半から大企業や富裕層への減税などが何度か推進され、再び格差問題が深刻になってきたということだ。」

経太：「それは新しい〝発見〟なのですか？」

杉本：「経太君、人々がなんとなくそうだろうと感じていることと、それを学問的にしっかりと実証することは違うんだよ。私は、ピケティは、たとえ統計資料の取り扱いに批判はあっても、経済学に重要な貢献を成し遂げたと思う。」

（注15） http://www.nhk.or.jp/gendai/articles/3609/1.html （２０１９年３月30日アクセス）

経太：「わかりました。」

杉本：「ただ、『21世紀の資本』というタイトルは、確かに誤解を招きやすいね。ピケティの「資本」は、物的資本ばかりでなく、土地、不動産、金融資産なども含まれているから、なおさら混乱を招く。だが、格差是正のためのグローバルな富裕税は検討に値する政策提言だと思うよ。」

経太：「そんなことまで言っているのですか。スケールが大きいですね。まだまだ勉強が足りません。大学に入ったら、ゆっくり読んでみることにします。」

杉本：「そのほうがよいだろうね。しかし、マルクスまできたので、あとマーシャルやケインズくらいまでは学んでみようか。経太君なら大丈夫だ。私も及ばずながら力になるよ。」

経太：「ありがとうございます。よろしくお願いします。」

第9章

マーシャルと新古典派経済学

杉本先生は、次に学ぶべきはアルフレッド・マーシャル（1842-1924）だと言っていたが、マーシャルという名前は、さすがに高校の教科書には登場しない。経太は、先日、書店に寄ったとき、経済学辞典を引いてみたが、ケンブリッジ大学教授を務め、なんとあの有名なケインズの先生だったというから偉い学者に違いない。

生没年をみると、大部分がイギリスのヴィクトリア朝時代（1837-1901）と重なっているのがわかる。経太は、世界史の教科書を取り出して、もう一度その時代の記述を読んでみた[1]。

「産業革命を経た19世紀半ばのイギリスは、「世界の工場」として繁栄の絶頂にあった。**ヴィクトリア女王**治下の1851年、延べ600万人以上が入場したロンドン万国博覧会が開かれ、国内外にイギリスの近代工業力の成果を誇示した。人々の豊かな生活は政治の安定をうみ、60年代には、自由党・保守党の二大政党が総選挙の結果に基づいて交替して政権を担当する、典型的な議会政党政治が成立した。この時期には、保守党の**ディズレーリ**、自由党の**グラッドストン**らによって、重要な改革がつぎつぎと実現された。まず、67年の**第2回選挙法改正**で都市労働者の相当数が、さらに84年の**第3回選挙法改正**で農業労働者などが選挙権を獲得し、民主化が進んだ。また、70年の教育法で初等教育の公的整備が始まり、71年の労働組合法によって組合の法的地位が認められた。」

もっとも、すぐあとには、アイルランド自治問題や「帝国」であるがゆえの植民地問題などの記述も出てくるが、総じて、この時代のイギリスが繁栄を謳歌していたといってもよいだろう。

栄一君の勉強は順調に進んでいて、三角関数から指数関数にまでできた。指数法則は高校数学の基本だが、のちに微積分を学ぶときまた出てくるので、しっかり教えておかなければならない。

栄一：「先輩、大学受験のときの〝理系〟とか〝文系〟という言い方はいつ始まったか知っていますか？」

経太：「それは知らないなあ。確かに、中学にはないから、受験を前にした高校で導入されたのだろうね。」

栄一：「ほとんど数学ができるかどうかで〝理系〟向きかどうかを判断していると聞いたよ

（注1）『詳説世界史B』（山川出版社、2016年）264－265頁。

うな気がする。父は、〝文系〟に分類される経済学部の教授だけれども、それには反対しています。現代の経済学は難しい数学を使うので、数学がわからないと経済学部に入って苦労すると。」

経太：「確かにそれは先生の言う通りだね。数学を使う社会科学は多くなったので、〝理系〟と〝文系〟でカリキュラムが異なるのはおかしいとも言えるな。だから、栄一君には、将来〝文系〟に行こうとも、数学Ⅲまでは学んでほしいね。」

栄一：「数学は嫌いではないから、そのつもりだよ。」

書店に置いてある経済学の本を眺めてみると、たしかに、微積分、行列・ベクトル、統計学などがたくさん出てきているので、専門の研究ならなおさら難しい数学を使うに違いない。この際、杉本先生に「経済学のための数学」についてうかがってみよう。

先生はいつものように書斎で仕事をしていたが、経太を見ると、快く迎え入れてくれた。

経太：「先生、経済学を学ぶにはどれほど数学を勉強しておいたほうがよいのですか？」

杉本：「ほほう。もうそうきたか。経太君はもう高校の数学Ⅲまで学んでいるから、入門段階の経済学を学ぶには全く問題はないと思う。しかし、向学心が高いから、経済学で使われる数学入門のような本はあとで貸してあげよう。現代経済学の最先端は非常に高度な数学を使っているけれども、これはまだ考えなくてもよいと思う。」

経太：「ところで、マーシャルは、経済学辞典でみたところ、ケンブリッジ大学の数学科を出ているようですが、どういう経緯で経済学者になったのですか。」

杉本：「それはこういうことだ。マーシャルは優秀な数学者として出発したのだけれども、社会問題への関心が強く、倫理学や心理学も学びながら、最終的に経済学にたどりついた人だ。友人からミルを読むように勧められたあと、いくつかの都市の貧民街を訪れたけれども、そのときヴィクトリア朝の繁栄に陰に隠れた貧困の実態に触れてショックを受けたらしい。それが契機となって経済学に転じた。というように、弟子のケインズが『人物評伝』[2]の中に書いているね。ちなみに、ケインズも、ケンブリッジ大学の数学科出身だ。」

(注2)　J・M・ケインズ『人物評伝』大野忠男訳（東洋経済新報社、1980年）。

経太：「そうなのですか。」

杉本：「マーシャルは、いまでは、弟子のケインズのほうが有名になっているけれども、経済学の歴史に残る重要な仕事を成し遂げた学者だ。特筆すべきは、スミス以来の古典派経済学と、1870年代に登場した「限界革命」（ほぼ同時期にイギリスのジェヴォンズ、オーストリアのメンガー、フランスのワルラスが唱えたが、先駆者はそれ以前にも少なからずいた）を融和させる「需要と供給の均衡」という枠組みを提示したことだね。限界革命は、ちょっと説明が必要だから、ホワイトボードを使うよ。」

そういって、杉本先生は、半時間ほどかけて、経太に次のような講義をした。古典派の価値論の中心には「自然価格」があったが、これは、スミスやリカードのところでも出てきたように、均等利潤率が成立したときの「生産費」と考えてよいものだった。価値はつまり生産費によって決まることになる。

しかし、限界革命の主唱者たちによれば、価値を決めるのは「限界効用」（あるモノの消費量を1単位増やしたときの効用の増加分のこと）だと。彼らは、限界効用説によって、スミスが「価値のパラドックス」と呼んだものを解決したと主張した。

価値のパラドックスとは、水が生命にとってなくてはならないものなのに交換価値をほとんどもたないのに対して、ダイヤモンドはそれがなくても生きるのには困らないけれども交換価値がきわめて高いというものだ。これは古典派の価値論では解決できなかった。

ところが、限界革命の主唱者たちは、そのパラドックスを次のように説いた。水は生命にとって貴重ではあるが、豊富に存在しているので希少性がなく、したがって、限界効用が低い（価格がほとんどつかないかきわめて安価）。

しかし、ダイヤモンドは生命の維持には役に立たないけれども、希少性が高く、したがって、限界効用が高い（価格がきわめて高くなる）、と。

留意すべきは、古典派の価値論が「生産」の側から価格決定にアプローチしているのに対して、限界革命の主唱者たちは、「需要」の側から価格決定にアプローチしていることだ。

こうして、古典派の価値論を真っ向から否定する限界革命の主唱者たちが現れたことによって、学界は一時混乱状態に陥った。

しかし、マーシャルだけは、この論争を冷静に観察していた。そして、両者は「水と油」ではなく、仮定された時間の長さを明確にすることによって、「需要と供給の均衡」という枠組みの中に包摂しうると考えた（表1を参照）。

杉本：「経太君、図1を見てごらん。いま、縦軸に価格、横軸に需給量を測ろう。時間がきわめて短い場合、供給量は現にある限られた一定量になる。たとえば、ある日の魚市場に

古典派 の価値論	vs.	限界革命
自然価格 (生産費)	vs.	限界効用
生産の側 からのアプローチ	vs.	需要の側 からのアプローチ

⬇

マーシャル

- 時間の要素を明確にする
- 古典派は長期、限界革命は短い時間に焦点
- 「需要と供給の均衡」

表　1

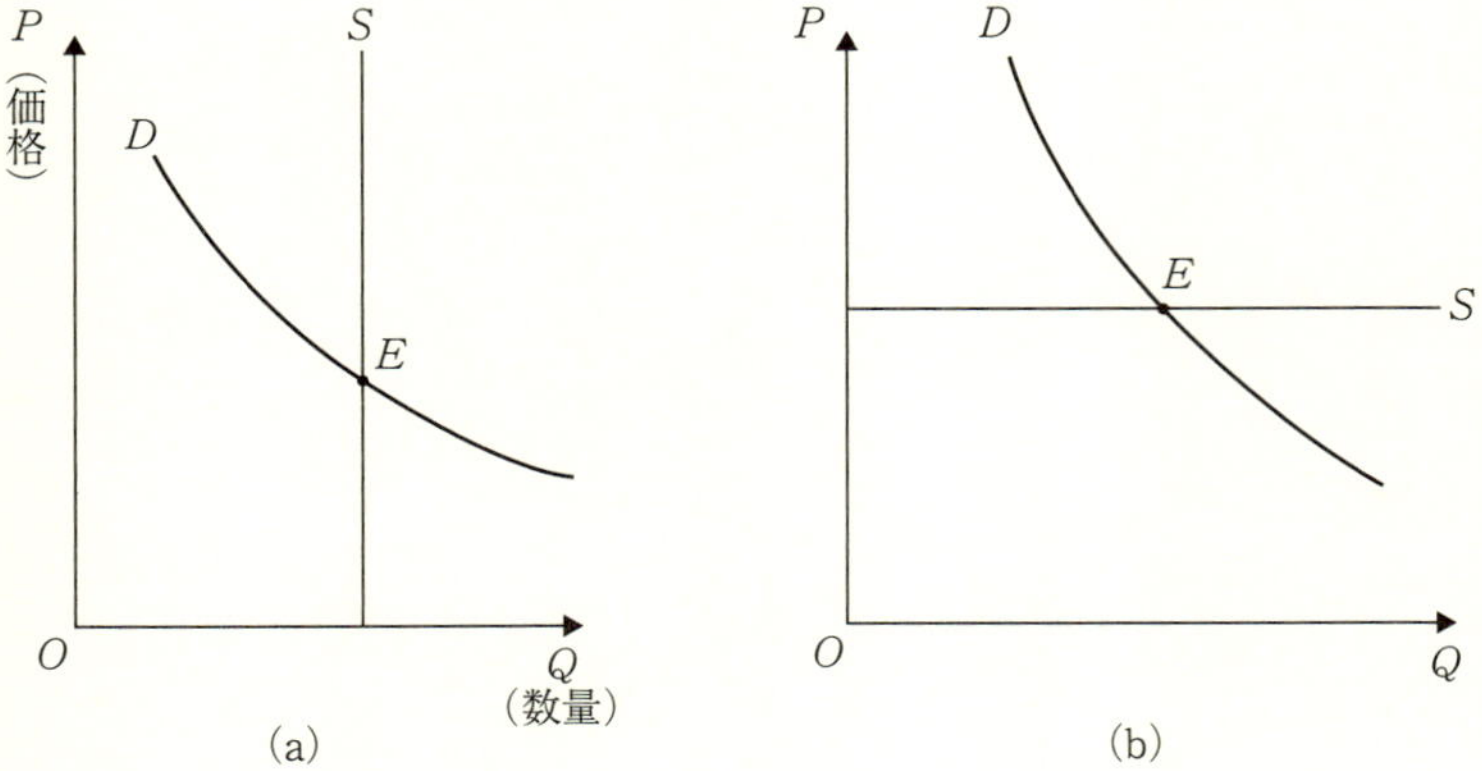

図　1

供給された魚の量のように（図1ａ）。したがって、供給曲線Sは、横軸に垂直になる。この場合、魚の価格は、需要側の要因によって、つまり需要曲線Dによって決まる。しかし、「需要と供給の均衡」という枠組みは生きている。なぜなら、一定量の供給量だけではどこに価格が決まるかわからないので、需要曲線と供給曲線の両方を見なければならない（交点Eで均衡価格と均衡数量が決まる）。ただ、短い時間の場合は、価格が主に需要側の要因によって決まるという特徴があるだけだ。マーシャルは、限界革命の主唱者たちは、このような時間を想定していたに違いないと考えたんだ。ここまでわかるかな？」

経太：「よくわかります。需要曲線と供給曲線がそのような形になっているのを初めて見ました。」

杉本：「そうか。今度は、きわめて長い時間を想定すると供給余力ができるので、商品が一定の生産費で生産できるような、つまり供給曲線Sが横軸に水平になっているケースを考えてみよう（図1ｂ）。この場合は、価格はすでに一定の生産費で決まっているけれども、需要曲線がないと、どこの数量で決まるのかがわからないので、やはり需要曲線と供給曲線の両方を見なければならない（交点Eで均衡価格と均衡数量が決まるのは前と同じ）。ここでも、「需要と供給の均衡」という枠組みは生きているわけだ。ただ、長期の場合は、価格が生産費によって決まるという特徴があるだけだ。マーシャルは、古典派は、このように長い時間を想定していたに違いないと考えたんだね。」

経太：「先生、この対比は実によくわかります。(a)も(b)も、「需要と供給の均衡」という枠組みは同じだけれども、想定された時間の長さが違うだけだなんて、マーシャルはすごい頭の切れる人ですね。」

杉本：「さすがはケインズの先生だね。ともかく、マーシャルは、価値論をめぐる古典派と限界革命の対立は時間の無駄、といって言い過ぎなら生産的ではないと考えていたはずだ。したがって、マーシャルは、次のようなことを書いている[3]。」

「それゆえ、私たちは次のように結論づけてよいだろう。すなわち、一般原則として、考察している期間が短ければ短いほど、価値に対する需要の影響にもっと多くの注意を向けなければならない。しかし、考察している期間が長ければ長いほど、価値に対する生産費の影響がより重要になるだろう。なぜなら、生産費の変化の影響が現れるのは、原則として、需要の変化の影響よりもより長い時間がかかるからである。いつでも現実の価格、すなわち、よく使われる言葉では市場価格は、つねに、持続的に作用する出来事や原因よりも、一時的な出来事や気まぐれで短命の作用しか及ぼさない原因の影響を受けることが多い。しかし、長期では、これらの一時的で不規則な原因はお互いの影響を大部分相殺し合うので、結局は、持続的な原因が価値を完全に支配する。しかし、最も持続的な原因でさえ、変化しやすい。なぜなら、生産構造全体が世代を通じて形を変え、様々な物の相対的な生産費もつねに変化するからである。」

経太：「先生、あの……。」

杉本：「そこから先は言わなくともわかるよ。中学の教科書にも出てくる、右下がりの需要曲線と右上がりの供給曲線はどこへいったのか？　という質問だな。」

経太：「はい。その通りです。」

杉本：「それも実はマーシャルが主著『経済学原理』（初版は1890年、第8版1920年まで版を重ねた）の中に導入したものだ。簡単に説明すると……」

（注3）　マーシャルの『経済学原理』もパブリック・ドメインに入っているので、以下で読める。訳文は私自身のものを使っている。
https://oll.libertyfund.org/titles/marshall-principles-of-economics-8th-ed

そういって、杉本先生は、「一時的均衡」「短期正常均衡」「長期正常均衡」とホワイトボードに書いた。

マーシャルは、時間の要素と供給条件の違いを関連づけて、資本設備や生産量が一定という非常に短い時間に成立する均衡を「一時的均衡」（先ほどの図1aで示された）、資本設備に変化はないが現存プラントの操業度を変化させることができるという意味での「短期」を想定したときに成立する「短期正常均衡」（図2で示される）、そして、資本設備まで変化させることによって生産量を調整できるという意味での「長期」を想定したときに成立する「長期正常均衡」（図1bで示された）を構想した。

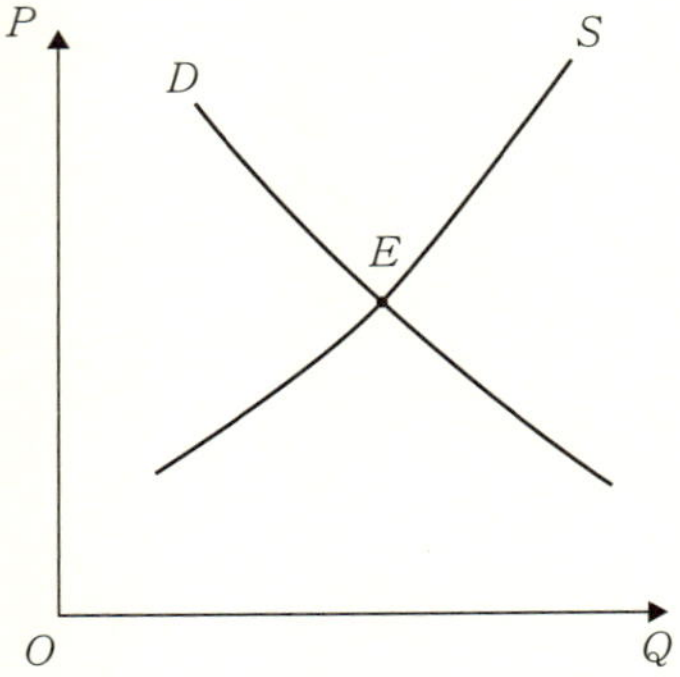

図 2

杉本：「ここまで念入りに時間区分をして「需要と供給の均衡」をいうアイデアを提示したのは、マーシャルが初めてだと言ってよい。マーシャルの時代、「マーシャリアン・クロス」という言葉がよく使われたけれども、それはもちろん需給均衡の図を指している。しかし、マーシャルは同時に、みずからがイギリスの古典派（スミス→リカード→ミル）の流れを汲んでいることを誇りにしていて、主著の『経済学原理』は、古典派の論理を限界革命によって補完し、「需給均衡理論」にまとめあげたと信じていた。マーシャルが生前に「新古典派経済学」と呼ばれたのは、そういう意味なんだね。」

経太：「勉強になりました。需要曲線と供給曲線の背後にいろいろな「物語」があるのを初めて知りました。中高の教科書とは、当然ですが、レベルが違います。」

杉本：「いや。経太君の理解力も大したものだ。」

杉本先生のお宅から帰って、経太は、もう一度、マーシャルの「需要と供給の均衡」というアイデアを復習してみたが、これがいまの中高の教科書にも採り入れられている原型だとは知らなかった。

名前の付いた定理ならともかく、教科書を読むとき、この図は誰が考案したかとか、この公式は誰が初めて証明したとか、あまり気にしないで読んできたが、これからは注意してみることにしたい。

杉本先生から借りてきたケインズの『人物評伝』も、なかなか面白い。とくに、経太は、マーシャルの中に潜《ひそ》む二つの自我――「科学者」と「説教者」――を指摘したケインズの筆は冴えていると思った[4]。

「19世紀の最後の10年間、ケンブリッジにおける道徳哲学の講座を担当していた二人の同僚、ヘンリー・シジウィックとジェームズ・ウォードと同様に、アルフレッド・マーシャルは賢者や牧師の種族に属していた。しかもまた彼らと同様に、二重の本性を授けられていて、科学者でもあった。説教者としてまた人間の牧師として、彼はほかの同様な人物よりも格別すぐれていたわけではない。しかし科学者としては、彼はその専門の分野において、100年間を通じて世界中で最も偉大な学者であった。にもかかわらず、彼自身好んで優位を与えようとしたのは、彼の本性の第一の側面であった。この自我こそ主人であり、第二の自我はしもべでなければならぬ、と彼は考えた。第二の自我は知識のために知識を求めた。第一の自我は抽象的な目的を実際的な進歩の必要に従属させた。鷲のように鋭いまなこと天翔ける翼とは、道を説く人の言付けに従うためにしばしば地上に呼び返された。」

マーシャルが「科学者」よりも「説教者」としての自我に支配されがちであったということは、経太にはまだよくわからなかったが、もう少し勉強すると、マーシャルの内面も見えてくるのではないかと期待したい。今夜の勉強もこれでおしまいにしよう。

＊　＊　＊

あちこちにCollegeと名の付く建物があるが、道行く人は、「カレッジ」ではなく「コレッジ」と発音しているので、アメリカではなくイギリスの田舎の都市に違いない。ようやくCambridgeとあるプレートを見つけたので、ここは大学の中に街があるようなケンブリッジ大学だ[5]。

新聞の日付には1885年2月24日とあった。何があるのかわからないが、人々は誰かの講演を聴きに道を急いでいるようだ。後をついて行ってみよう。やがて、Alfred Marshall, The Present Position of Economics, Inaugural Lecture, to be delivered on 24 February 1885. と書いてある案内を見つけた。1884年12月、ケンブリッジ大学経済学教授に就任したマーシャルが、「経済学の現状」と題する就任講演をおこなうらしい。これは潜《もぐ》り込んで聴かずにはおれない。

日本の有名大学では、3月末日で退職する教授がおこなう「最終講義」がほとんど制度化されているが、ケンブリッジでは、教授になったばかりの、いわば脂ののった学者が「就任講演」をおこなうようだ。

どちらがよいとは一概に言えないが、就任講演をおこなうときのほうが若いことは間違いない。マーシャルも、1842年生まれだから、就任講演のときは43歳だったことになる。

(注4) J・M・ケインズ『人物評伝』、前掲、232頁。
(注5) 安部悦生『ケンブリッジのカレッジ・ライフ』(中公新書、1997年)参照。

経太は、現在に伝わっている、牧師のような雰囲気のマーシャルの写真しか知らなかったが、演壇のマーシャルは元数学者らしく、頭脳明晰で、これから一仕事を成し遂げようという覇気に満ちていた。

講演は格調高く始まった。

古典派の権威が限界革命によって動揺し始めた頃、フランスの「総合社会学」（たとえば、個別の社会科学を認めず、統一的な学問として「社会学」を構想したオーギュスト・コントや、ドイツの「歴史学派」（各国の歴史的特殊性を重視し、経済理論の役割を正当に評価しなかった）などに影響を受けた論客がイギリスでも台頭していたが、マーシャルは、それらをひとつひとつ、学ぶべき視点は評価しながらも、経済学的推論とは、「具体的な真理の集合体《ボディ》ではなく、具体的な真理を発見するための機関《エンジン》」であり、それは「普遍性」をもつのだと反論した[6]。

非常に丁寧な言葉遣いや異なる思想への寛大な配慮はあちこちで見られたが、おのれの見解には自信をもっているように思えた。たとえば、歴史学派を意識しながら、彼は次のように主張した[7]。

「経済学者は事実に対して貪欲でなければならないが、単なる事実だけで満足してはならない。歴史学派の偉大な思想家たちに対しては限りない感謝を捧げなければならないが、過去が現在の問題に直接投げかけるといわれる光明に対しては、懐疑的でなければならない。経済学者は原因が単独で、または結合されて作用する仕方を学ぶために、事実をよく調べ、経済理論の原則《オルガノン》を構築するためにこの知識を適用し、社会問題の経済的側面を処理するためにこの論理を援用するという、より骨の折れる計画をしっかりと固持しなければならない。彼は事実の光に照らして研究をするが、その光とは直接投げかけられるものではなく、科学によって反射され凝縮されたものである。」

講演がクライマックスに差し掛かってきた。これからケンブリッジ大学経済学教授として後進を育てなければならないが、マーシャルはどんな姿勢で臨もうとしているのか。皆が耳をそばだてて聴いている。マーシャルは、ひと呼吸を置いて、次のように講演を締めくくった[8]。

「強き人間の偉大な母であるケンブリッジが世界に送り出す人物は、冷静な頭脳と温かい心《クールヘッズ・バット・ウォームハーーッ》をもって、自分の周りの社会的苦悩に立ち向かうために、その全力の少なくとも一部を喜んで

(注6) アルフレッド・マーシャル「経済学の現状」(1885年)、伊藤宣広訳『マーシャル　クールヘッド&ウォームハート』(ミネルヴァ書房、2014年)所収、13頁。
(注7) 同前、31頁。
(注8) 同前、35-36頁。

捧げようとし、また、洗練された高尚な生活に必要な物質的手段をすべての人に提供することはどこまで可能であるかを明らかにするために、できることをやり遂げるまでは満足しないと決心している者であるが、こうした人々をたくさん育てるため、私の貧しい才能と限られた力でできることを可能な限りやりたい、というのが、私が胸に抱いている願いにして、最高の努力である。」

会場全体に割れるような拍手が起こった。マーシャルも、講演の出来に満足しているように見えた。「冷静な頭脳と温かい心」――この言葉は、後世の経済学者がしばしば引用するようになるのだが、経太には、「冷静な頭脳」と「温かい心」をどのようにしてバランスをとるのか、そのことだけが気にかかった。

今回は就任講演という晴れの舞台なので、マーシャルをつかまえるのは難しそうだ。せっかくケンブリッジにいるのなら、観光名所になっているキングズ・カレッジのチャペルやケム川にかかった溜息の橋などを観て帰ることにしよう。

＊　＊　＊

翌朝、経太は、マーシャルの就任講演を読み直してみたが、夢に出てきたマーシャルの意気込みがじかに伝わってくるようで、大変な感銘を受けた。しかし同時に、ケインズが指摘したマーシャルにおける二つの本性（「科学者」と「説教者」）の葛藤《かっとう》がどこで生じているのかは、いまだにわからなかった。

就任講演から5年後、マーシャルは満を持して『経済学原理』を上梓し、イギリス（あるいは、アングロサクソン圏）の経済学界において揺るぎない権威を確立した。「需要と供給の均衡」というアイデアは、杉本先生が教えてくれたように、瞬く間に全世界に普及し、「マーシャリアン・クロス」が教科書市場を支配するようになった。それはマーシャルの不朽の業績である。

だが、ケインズが指摘したように、マーシャルはそれだけではないはずなのだ。経太は、やはりこれまで勉強したことをレポートにまとめ、その上で、杉本先生の教えを乞いたいと思った。レポートと質問を電子メールで送信してからまもなく、杉本先生から返信があった。

「マーシャルの教授就任講演を読んだのは収穫でしたね。あの講演は何度読み返しても、マーシャルの意気込みが伝わってきます。

ところで、マーシャルの業績についてですが、いまの教科書にも残る彼の仕事は、先日経太君に教えた「需要と供給の均衡」理論だといっても過言ではありません。マーシャルは、『経済学原理』の第5編で需給均衡理論を展開しました。

ところが、ここからがやや込み入ってくるのですが、マーシャルは、需給均衡理論は経済学の初歩の段階で教えるべきもので、その先には「有機的成長理論」(「経済生物学」とも言っています)があるのだと示唆していました。

有機的成長理論が何であるかは、図や数式で説明されていないので、マーシャルの言葉の断片から想像するほかないのですが、需給均衡理論が「力学的アナロジー」を多用しているのに対して、有機的成長理論は「生物学的アナロジー」を多用すると言っています。

『経済学原理』の第6編は国民所得の分配を扱っていますが、マーシャルは、ここで人間性の進歩(教育による労働者の質的向上や「経済騎士道」を学んだ企業家の公共精神など)に支えられた分配理論を展開する予定でした。しかし、第6編には、有機成長理論の示唆はあっても、理論の展開にまでは成功していないというのが大方の評価です。

世間がマーシャルの最も重要な貢献とみなしている仕事と、マーシャルみずからが経済学の本来の課題として目指していたものとの乖離——これは、マーシャル研究者をつねに悩ませてきた問題でした。

マーシャルは、ケインズの言葉を使うと、壮年を過ぎて晩年に近づくとともに、「科学者」よりも「説教者」としての本性のほうが勝ってきたように思います。「経済騎士道」について語った講演も長くはないので、ぜひ読んでみることをすすめます。経済騎士道とは、簡単に言えば、企業家がお金儲けよりも蓄積した富を公共的目的のためにすすんで提供するようになる態度のことを指しています。しかし、それは現在ごく一部に稀《まれ》にみられますが、マーシャルの時代にはもっと少なかったでしょう。辛辣な批評家なら、マーシャルのお説教を聞いているようで面白くない、というかもしれません。

以上だけではないのですが、ケインズがマーシャルにおける二つの本性の間の葛藤について語った評伝は誠に本質を突く優れたものだと思います。」

返信を読んで、経太も考え込んでしまった。杉本先生のお宅から借りてきた本を引っ張り出して、経済生物学や経済騎士道という言葉が出てくる論文を探した。たしかに、あるにはあるのだが、具体的に何が言いたかったのか、もうひとつ理解できない[9]。

「春が来るたびにこの葉は成長し、全盛期《フル・ストレンクス》を迎え、絶頂を過ぎると衰微する。そのあいだに、樹木それ自体は絶頂に向かって毎年成長していき、絶頂を過ぎると衰微していくであろう。我々はここに生物学的類比をみる。すなわち、商品やサービスの価値がある中心点の周りを揺れ動き、その中心点自身が長期的には揺れ動いているという状況がそれである。

需要と供給の釣り合いないしは均衡は、経済学のより進んだ段階では、ますますこうした生

（注9） 前段は、「分配と交換」（1898年）、『マーシャル　クールヘッド&ウォーム・ハート』所収、208頁。後段は、「経済騎士道の社会的可能性」（1907年）、同前、130－131頁。

物学的な基調を強めていく。経済学者のメッカは、経済動学というよりはむしろ経済生物学である。」

「ビジネスにおける騎士道は、安っぽい勝利を軽蔑し、救いの手を必要とする人々を助けることを喜ぶものである。その過程で得られる利益を見下すことはしないが、見事な戦いの戦利品、あるいは武芸大会《トーナメント》の賞品を、主にそれが証明する功績ゆえに尊重し、それが市場で貨幣によって評価される価値に対しては副次的にしか評価しないという、戦士のすぐれた自尊心を備えている。」

マーシャルほど大物経済学者でも、内面では、複雑な思いが錯綜していたのを知ったのは、経太にとって、新しい発見であったが、彼が優れた教師であり、ケンブリッジが世界に誇る有能な弟子たちを養成した事実は揺るがない[10]。

マーシャルの後継者として、ケンブリッジ大学経済学教授となったアーサー・セシル・ピグー（1877–1959）は、主著『厚生経済学』（初版1920年）において、師であったマーシャルが導入した「外部不経済」（特定の企業や産業の活動が外部の環境に及ぼすマイナスの効果のこと）の概念を拡張して、今日の環境経済学へとつながる道を切り開いた。

一番有名な教え子は、何度か触れたマーシャルの評伝を書いたジョン・メイナード・ケインズ（1883-1946）だが、彼は、のちに『雇用・利子および貨幣の一般理論』（１９３６年）において、新古典派経済学に欠落していた国民所得（雇用量）決定の理論を提示し、世界の経済学界に衝撃を与えた。ケインズが成し遂げた偉業は、「ケインズ革命」と呼ばれている。

ただし、初期の熱狂的賛美と比べると、今日の学界では、ケインズ経済学もケンブリッジ学派の中にあったものを再構成してモデル化されたものだという見解が次第に有力になっている。それにもかかわらず、ケインズがマーシャルに劣らず偉大な経済学者である事実は揺るがない。

経太の経済学修業も、ようやく終盤に差し掛かってきたようである。

（注10）マーシャルが創った「ケンブリッジ学派」については、伊藤宣広『現代経済学の誕生――ケンブリッジ学派の系譜』（中公新書、２００６年）を参照。

第10章

ケインズ経済学

経太は、マーシャルが有名なケインズの先生に当たることは知らなかった。ケインズの名前は、高校の政治・経済や世界史の教科書に出てくるので、友人たちも名前くらいは知っているはずだ。だが、政治・経済の授業で以下のようなことを教わったとき、経済学にここまで深入りすることになるとは夢にも思っていなかった[1]。

「ヨーロッパで第一次世界大戦が勃発すると、その終結後も経済的混乱が続いたが、アメリカ合衆国は1920年代には「永遠の繁栄」といわれる好況を迎えた。

しかし、1929年にアメリカ合衆国で株式価格の暴落をきっかけに、企業の倒産や失業が大規模に発生すると、それは世界中に波及していった。これを**世界大恐慌**という。世界各国は自国産業を保護し、国際収支の危機に対処するために関税を引き上げたが、その結果、貿易が縮小し、さらに経済が収縮していった。

こうした状況の中、アメリカ合衆国の**ローズヴェルト**大統領は、大規模な公共投資を実施して不況からの脱却をはかるとともに、労働者の権利を保護する政策（ニューディール政策）をとった。

イギリスの経済学者**ケインズ**は、有効需要（貨幣支出をともなう需要）の大きさが、社会全体の産出高・国民所得・雇用量を決定するという考え方を提唱した。彼は消費と投資に加えて、輸出額と輸入額の差額や政府財政の支出も有効需要を構成するので、完全雇用の実現には、公共事業などによって有効需要を創出することが必要であると主張した。」

教科書の文章は、決して理解不能というわけではないが、杉本先生がいつも教えてくれるように、理路整然とした理論モデルにせよといわれると心もとない。そんなことを考えながら歩いていたら、杉本先生のお宅に着いてしまった。


栄一君には、いま数列を教えているが、最初に演習問題を見たとき、中学校の算数の入試問題を思い出したらしい。そういえば、経太にも記憶がある。

数字が並んでいるが、そこには何らかの規則性がある。だが、受験する小学校6年生には、等差数列や等比数列、その他もっと複雑な数列の知識はない。それなのに、なぜ10番目や100番目に来る数字がわかるのか？

数列がわかってしまえば、簡単だが、解かされる小学校6年生には難問のはずだ。栄一君も数列を学んでから、あれはこんな問題だったのかと納得したらしい。いつの時代にも、受験生は大変だ。

杉本先生は、書斎で『ケインズ全集』を前になにか物思いに耽《ふけ》っているようだった。今日は

（注1）『詳説政治・経済』（山川出版社、2015年）111頁。

これで失礼すべきかなと思ったとき，経太に気づいたようだった。

杉本：「ようやくケインズまでたどり着いたね。」

経太：「はい。あまりにも有名人なので，どこから学んだらよいのか，途方に暮れている状態です。」

杉本：「そんなことはないよ。ケインズは師であるマーシャルの経済学を乗り越えて初めて「革命」を成しえたのだから，マーシャルとの対比で学んでいくのが正攻法だ。」

経太：「高校の政治・経済の授業では，ケインズ経済学は世界大恐慌の産物であり，「有効需要」が国民所得や雇用量の決定に重要な役割を演じるという記述はありますが，なぜそのようなことが言えるのか，具体的な経済モデルが提示されているわけではありません。」

杉本：「さすがに高校ではそこまで教えないだろう。しかし，経太君には，私が一つ一つ教授していくから，安心しなさい。」

経太：「ありがとうございます。よろしくお願いします。」

杉本先生は、さっそくホワイトボードに向かった（図1を参照）。先生は、まず、ケインズ以前の失業論を次のように説明してくれた。

ケインズは、マーシャルを含む自分より前の経済学を「古典派」と呼んだ。マーシャルはふつう「新古典派」と呼ばれているので、注意が必要だ。

ケインズが「古典派」という言葉で自分以前の理論を一括したのは、「古典派」が「セーの法則」（以前リカード対マルサスの論争で「セーの販路法則」と呼ばれたもの。「供給はそれみずからの需要を創り出す」という考え方のこと）に支配されていると考えたためだが、その意味は、あとでもう一度立ち返る。

「古典派」は、失業問題を労働市場における需要と供給という枠組みで考察した。マーシャルのところで、商品つまり財市場における「需要と供給の均衡」という枠組みを学んだが、その思考法を労働市場に適用するとどうなるか。

「賃金率」（ただし、ここでは、たとえば時給

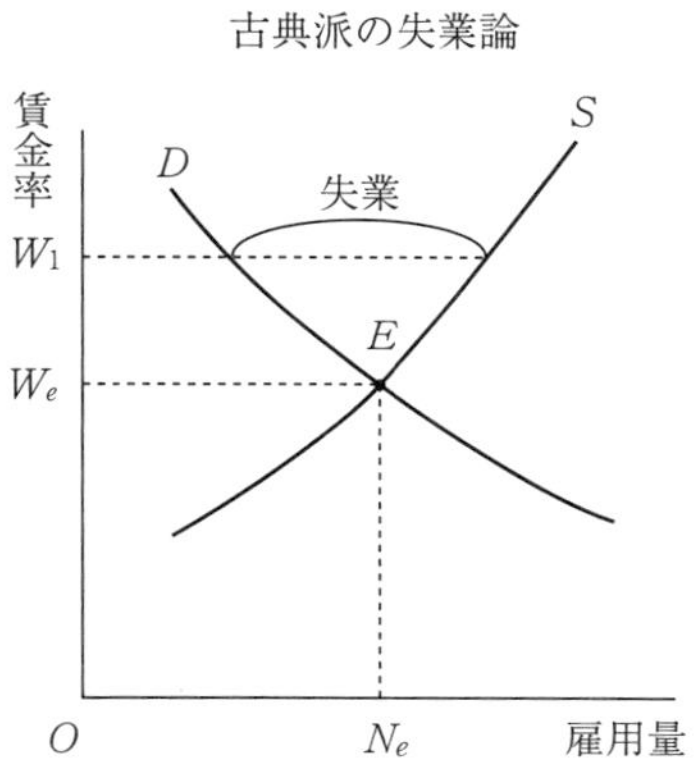

図 1

1000円のような「名目賃金」ではなく、それを物価指数で割った「実質賃金」のこと）が上下に伸縮的に動くならば、労働市場では、労働に対する需要曲線Dと供給曲線Sが交差する点Eにおいて、均衡賃金率W_eと均衡雇用量N_eが決まる。均衡雇用量では、労働に対する需給が均等しているので、失業は生じない。

ところが、何らかの理由で、賃金率がW_1よりも下がらなかったとしよう。「何らかの理由」は、いろいろあるだろうが、よく挙げられるのは、労働組合の抵抗という例だ。その場合は、労働に対する需要よりも供給のほうが大きくなって、図1に示した部分だけ失業が生じる。

ケインズは、このような賃金論で説明できるのは、失業の中でも「自発的失業」と「摩擦的失業」だけだと考えた。自発的失業とは、その賃金率なら労働者が働くよりも「職探し」か「余暇」を選んでいるような失業のことである。摩擦的失業とは、現実の経済には浮き沈みがあって、たとえば沈滞している産業に一時的に発生する失業のことである。

だが、ケインズが関心をもったのは、自発的失業でも摩擦的失業でもなく、労働者が働く意欲は十分にありながらも「有効需要」が足りないために職にありつけないという意味での「非自発的失業」なのだ。有効需要は、高校の政治・経済の教科書にも出てきたが、国内に限れば、消費需要と投資需要だ。この考え方は、のちにケインズ経済学の最も単純なモデルを提示するときに立ち返る。

ケインズは、「有効需要」と「セーの法則」は真っ向から対立すると考えた。なぜなら、後者が生産したモノはすべて需要される（「供給はそれみずからの需要を創り出す」）と考えているのに対して、前者は生産は需要に制約されると主張しているのだから。

経太：「先生、賃金率の伸縮性があれば労働に対する需給が一致するようになるのはわかりましたが、それだけでは、生産されたモノはすべて需要されるとは言えないのではないですか？」

杉本：「そうだね。しかし、古典派は、周到にも「賃金率の伸縮性」という柱の他にも、「利子率の伸縮性」というもう一つの柱を用意している。古典派の「利子率」は、金融市場において投資と貯蓄を調整する役割を果たしているが、これもマーシャルの「需要と供給の均衡」という枠組みを使って表せる（図2参照）。投資曲線Iが右下がりなのは、利子率が低ければ低いほど投資が拡大するからだ。反対に、貯蓄曲線Sが右上がりなのは、利子率が高ければ高いほど貯蓄が増大するからだ。

IとSが交差する点Eで均衡利子率 r_eと均衡投資量および貯蓄量（I_eとS_e）が決まる。

ここまではわかるかな？」

経太：「はい。よくわかります。」

古典派の利子論

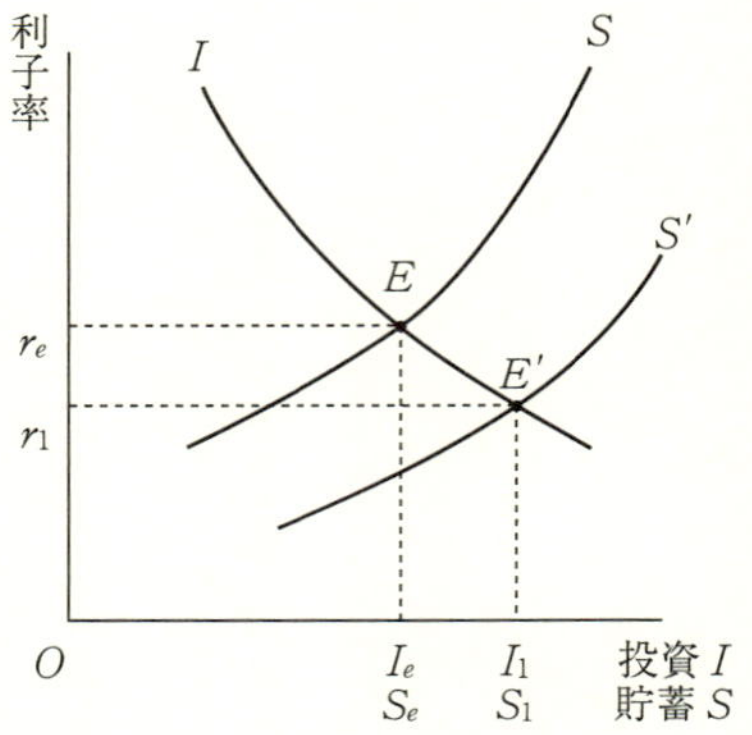

図 2

杉本：「いま、消費が減少して、消費財産業で失業が生じたとしよう。しかし、古典派の論理では、「消費の減少＝貯蓄の増大」なので、SがS'へとシフトし、均衡点はEからE'へとシフトする。つまり、利子率が低下し（r_eからr_1へ）、均衡投資量および貯蓄量は前よりも増大する（I_eからI_1へ、S_eからS_1へ）。ということは、消費の減少によって、一時的に失業は増大するが、利子率の伸縮性があれば、ただちに利子率が低下し、投資が増大するので、消費財産業における失業は投資財産業における雇用の拡大によってちょうど相殺されるということだ。

経太君、賃金率の伸縮性があれば、労働に対する需給がつねに等しくなる（完全雇用が実現される）傾向があり、利子率の伸縮性があれば、投資と貯蓄はつねに等しくなる傾向があることになるね。つまり、労働によって生産されたモノは、すべて消費財か投資財として需要されることになる。セーの法則が成り立つ「カラクリ」はこれだよ。」

経太：「古典派はそういう論理ですか。それはそれでよく出来ていますね。」

杉本：「しかし、ケインズは、セーの法則を否定し、代わって「有効需要の原理」を提示していく。」

杉本先生は再びホワイトボードに向かった。ケインズは、非自発的失業は、賃金率が均衡水準よりも高いがゆえに生じるのではなく、社会全体の「有効需要」（実際の貨幣の支出に支えられた需要の意味。国内に限れば、消費Cと投資Iの合計になる）の不足によって生じると直感した。問題はそれをどのように論証するかだ。

いま、外国貿易と政府の経済活動がない「封鎖経済」を想定し、時間軸としてはマーシャルの意味での「短期」（人口・資本設備・技術が与えられていること）を考えよう（外国貿易や政府の経済活動をモデルに明示的に導入したり、人口・資本設備・技術が変化するようにモデルを「長期化」したりすることはできるが、ここでは、問題の本質に迫るために、あえて単純なモデルを考える）。

ケインズによれば、国民所得Yは、供給面では国民生産物の供給を、需要面では消費と投資の合計を表しているが、国民所得の均衡水準は、その両者が等しくなるところで決定される。ケインズは、ここで、消費Cと投資Iについて、重要な仮定を置く（表1参照）。

すなわち、Cは国民所得Yの増加とともに増加するが、Cの増加はYの増加

$Y=C(Y)+I$	(1)
$S(Y)=I$	(2)

表 1

には及ばない。数学的には、$0<\Delta C/\Delta Y<1$となるが、$\Delta C/\Delta Y$は「限界消費性向」と呼ばれている。また、Iは、ひとまずYから独立に一定額が与えられていると仮定する。そうすると、財市場の均衡条件は、表1の(1)式によって示される。

ケインズは、貯蓄Sを$Y-C$と定義しているので、(1)式は(2)式のようにも書き換えられる。なぜなら、CがYの関数なので、$Y-C$と定義されたSもまたYの関数となるからだ。

以上を図示したのが、図3の(a)と(b)である。(a)では、$C+I$と45度線の交点Eにおいて均衡所得Y_eが決まっている。45度線上は、$C+I$とYがつねに等しいが、これだけでは、どこで均衡所得が決まるのかがわからない。

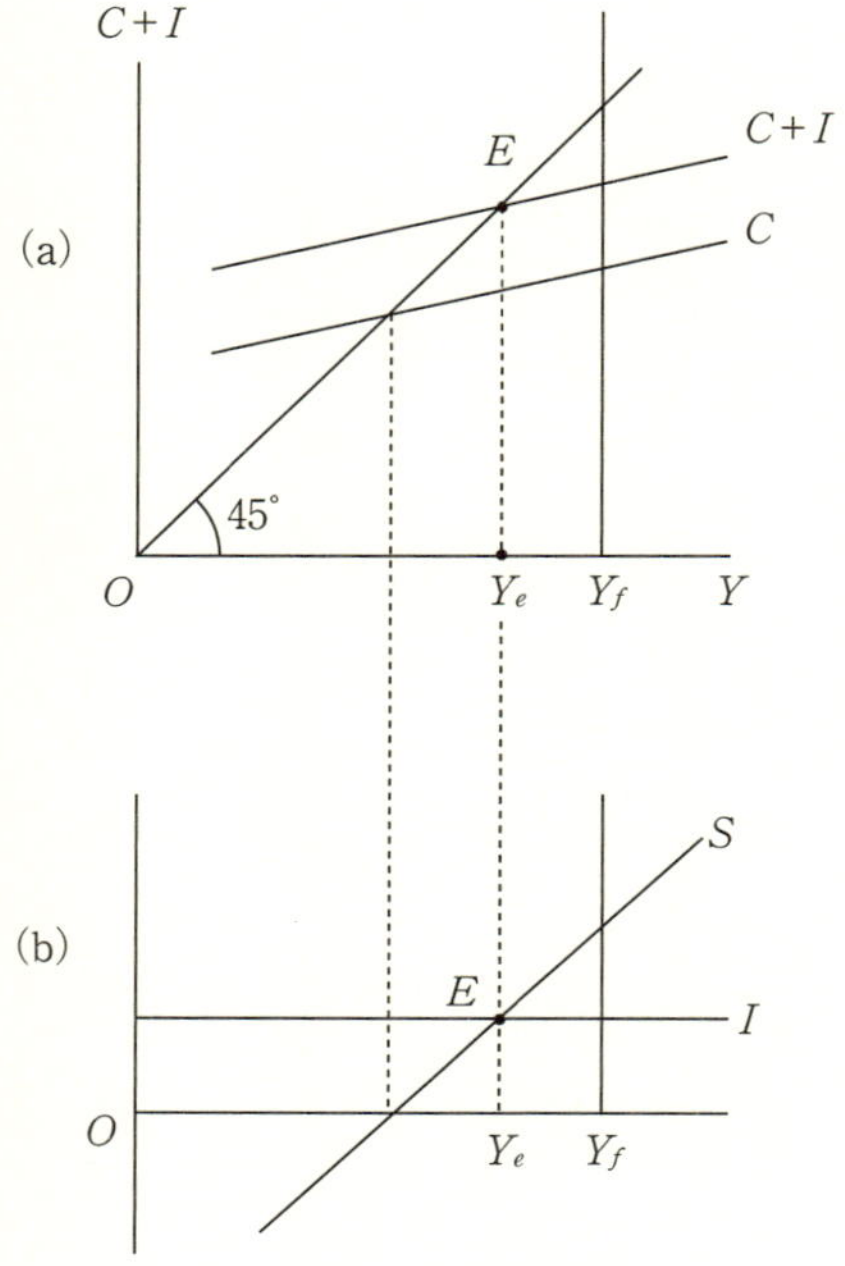

図 3

したがって、Yの関数としてのCと、それを一定額の投資Iだけ上乗せした$C+I$と、45度線との交点で均衡所得Y_eが決まると考えるわけである。この場合の均衡所得Y_eは、完全雇用に対応した所得Y_fよりは低いことに注意しよう。

(a)に対応する形で(b)が描かれている。この図では、横軸に水平で示される一定額のIと、Yの関数としてのSの交点Eにおいて均衡所得Y_eが決まる。この均衡所得も、完全雇用に対応した所得Y_fよりも低い。

均衡所得が完全雇用対応の所得よりも低い場合、非自発的失業が生じているので、完全雇用に近づけるには、$C+I$を上方にシフトさせる政策を考えなければならない。たとえば、減税によって消費を増やしたり、金利を低くして投資を増やしたりする。そのような努力でもまだ足りない場合は、政府みずからが財政赤字をつくってでも公共投資をおこなう。

これらの有効需要増強策がふつう「ケインズ政策」と呼ばれている（ただし、これは不況時の対策で、有効需要が増えすぎてインフレが生じているときは、逆の政策――増税、金利の引き上げ、公共投資の削減――が要請される）。

経太：「先生、新聞を読んでいると、ケインズ政策はほとんど不況時の財政出動のような文脈で出てきますが、この理解は間違っているのでしょうか？」

杉本：「一概に間違っているとも言えないけれども、一面的な理解だね。なぜなら、まだケインズ経済学の半分しか教えていないから。経太君、もう少し私の話を聴いてくれないか？」

経太：「承知しました。」

そういうと、杉本先生は、ケインズの投資決定論を解説し始めた。先ほどの45度線を使ったモデルでは、投資は所得から独立に一定額と仮定されていた。だが、ケインズは、次に投資はいかにして決まるかという理論を提示している。

ケインズによれば、投資は、「資本の限界効率」（難しい言葉だが、要は「予想利潤率」のこと）と利子率の関係によって決まる。企業家は、投資行動を決める場合、資本の限界効率mと、資金の借入コストである利子率rを比較しながら、$m > r$ならば投資を拡大し、$m < r$ならば投資を削減し、結局、$m = r$になるところで投資を決めると。

いま、資本の限界効率は「予想利潤率」のことだと述べたが、それは企業家の抱く予想によって激変することもありうるということを含意している。

ケインズは、投資決定が「不確実性」（確率計算によって計測可能な状態に還元できるものではなく、予想収益を推定する際の知識の基礎がきわめて脆いこと）にさらされていることを見抜いていたので、それが資本の限界効率を激変させ、利子率との関係で決まる投資を激しく変動させる可能性を指摘した。

だが、もし資本の限界効率表が所与（与えられて変化しない）ならば、投資は利子率が低下すれば増大するだろう。

杉本：「経太君、ここまでいいかな？」

経太：「資本の限界効率とは聞きなれない言葉ですが、なかなか面白いです。」

杉本：「企業家の抱く期待は「万華鏡」のように移り変わると言ったジョージ・シャックル（1903-92）というイギリスの経済学者もいたね。」

と言って、杉本先生は次の利子率の解説に移った。古典派は、「需要と供給の均衡」という枠組みを応用して、右下がりの投資曲線と右上がりの貯蓄曲線の交点で利子率が決まると考えた（先ほどの図2を参照）。だが、ケインズは、このような考え方は、利子を貯蓄に対する報酬だと捉える誤った理解が含まれていると主張する。

私たちは、所得を受け取ったあと、第一に、そのうちのどれだけを消費に使い、どれだけを将来のために貯蓄するかを決める。

ケインズによれば、古典派は、これだけをみて、利子を貯蓄に対する報酬と考えたが、実は、第二に、その貯蓄のうちどれだけをすぐに使える現金の形で持ち、どれだけを他人へ貸し付ける（つまり、「債権」を持つ）かを決める問題が残っている。

そして、利子は、貯蓄された貨幣が他人へ貸し付けられたときに初めてその報酬として生まれるのだと。

したがって、ケインズは、利子を「流動性をある一定期間手放すことに対する報酬」だと定義している[2]。ここで、「流動性」とは、「交換の容易性」や「価値の安全性」の総称だが、最も流動性が高いのは貨幣なので、文脈によってほとんど貨幣と同じ意味に使われる。

ケインズは、みずからの利子論を「流動性選好説」として提示する。この理論によれば、利子率は、中央銀行の政策によって決まる貨幣供給量Mと流動性選好Lの関係によって決まる。

ケインズは、『雇用・利子および貨幣の一般理論』（1936年）――しばしば『一般理論』と略称される――では、貨幣供給量は中央銀行の政策によって決まる「外生的定数」だと考えている。つまり、Mは一定ということだ。

流動性選好は、大きくは二つの部分に分けられる。一つは、「取引動機」（日常の取引をおこなうためのもの）と「予備的動機」（予期しない事態に備えるためのもの）に基づく貨幣需要L_1で、これは国民所得Yの関数であると考えてよい。もう一つは、「投機的動機」（利子率またはそれと正反対の動きを示す債権価格の動向を市場よりも早く読み取ることによって利益を得ようとするもの）に基づく貨幣需要L_2で、これは利子率rの関数であると考えてよい。

以上で、財市場の均衡を表す$I(r)=S(Y)$と、貨幣市場の均衡を表す$M=L_1(Y)+L_2(r)$が揃ったことになる（表2を参照）。

財市場の均衡

$$I(r)=S(Y) \qquad (1)$$

投資 I は、資本の限界効率表が所与ならば、利子率 r の関数となる。すなわち、$I(r)$。それと、国民所得 Y の関数である貯蓄 $S(Y)$ の均等を示すのが(1)式である。

貨幣市場の均衡

$$M=L_1(Y)+L_2(r) \qquad (2)$$

貨幣供給量は外生的定数（つまり一定）。流動性選好は、国民所得 Y の関数である $L_1(Y)$ と、利子率 r の関数である $L_2(r)$ に分けられる。(2)式は、貨幣供給量と流動性選好の均等を示している。

表 2

杉本：「経太君、もうおなか一杯かもしれないが、もうひと踏ん張りだ。」

経太：「はい。たくさんノートを取りましたので、家に帰ってまた読み直します。」

杉本：「それでは、フィナーレに行こう。」

杉本先生はまたホワイトボードに図を描いた（図4を参照）。

縦軸には利子率 r が、横軸には国民所得 Y が測られている。右下がりの IS 曲線は、財市場の均衡 $I(r)=S(Y)$ から導かれる。右上がりの LM 曲線は、貨幣市場の均衡 $M=L_1(Y)+L_2(r)$ から導かれる。そして、IS 曲

（注2） J・M・ケインズ『雇用・利子および貨幣の一般理論』上巻、間宮陽介訳（岩波文庫、2008年）231頁。

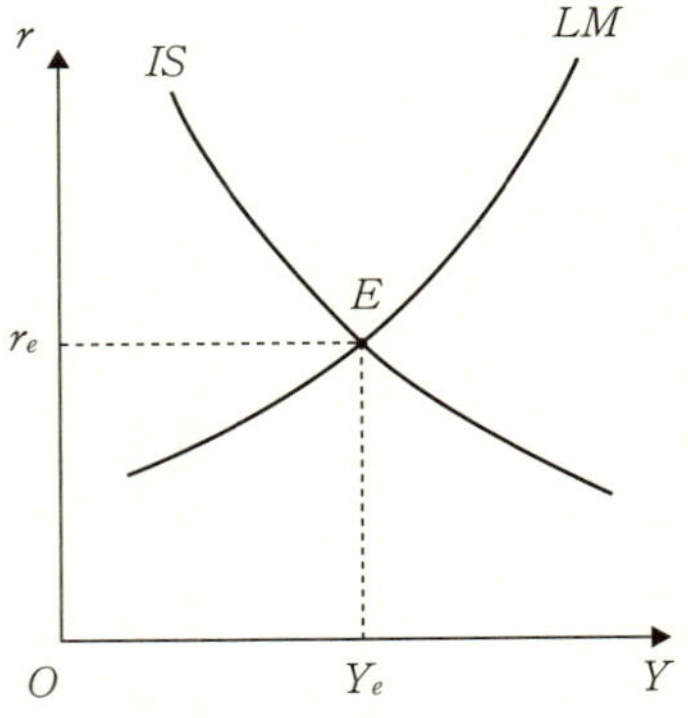

図 4

線とLM曲線の交点Eにおいて、国民所得Yと利子率rが同時に決まる。図4では、均衡所得はY_e、均衡利子率はr_eである。

なぜIS曲線は右下がりになるのか。かいつまんで言うと、利子率の低下は、資本の限界効率表が所与ならば、投資の増大をもたらすが、そのように増大した投資に等しいだけの貯蓄を生み出すには国民所得が増大しなければならないからだ。したがって、IS曲線は右下がりになる。

なぜLM曲線は右上がりになるのか。国民所得の増大は、取引動機および予備的動機に基づく貨幣需要を増加させるが、貨幣供給量が一定なので、あとに残った貨幣量で投機的動機に基づく貨幣需要を満たすには利子率が上昇しなければならないからだ。したがって、LM曲線は右上がりになる。

このように、ケインズの「有効需要の原理」を、国民所得と利子率の同時決定という形で初めて解釈したのは、ジョン・ヒックス（1904-89）というイギリスの経済学者だ。

現在の教科書には、IS／LMはヒックスが考案したとは書いていないものが多いけれども、このような解釈はケインズ経済学のエッセンスとして現在に継承されているわけだから、名前くらいは知っておくべきだ[3]。

ケインズの『一般理論』のエッセンスを一つ図に凝縮することなど不可能ではないかという批判もある。たしかに、それも一部は当たっている。けれども、IS／LMは応用範囲が広く、のちのケインジアンは、それを拡張して、教科書を書くときにフルに活用してきた（図5を参照）。

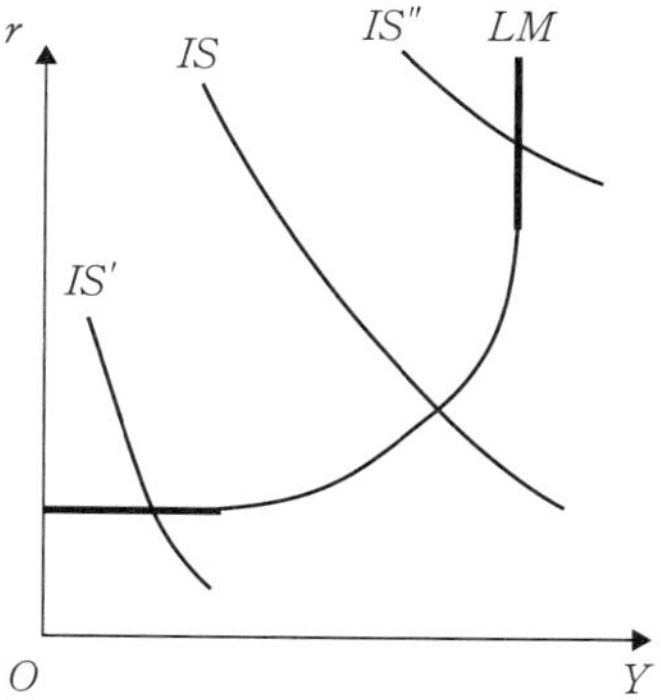

図 5

図5では、LM曲線の左側に水平部分と右側に垂直部分が描かれている。水平部分は深刻な不況時に現れるもので、ここでは、金融政策はほとんど有効ではなく、IS曲線を動かす財政政策の役割が大きい（IS曲線を動かすと利子率は変化せず所得のみが変化する）。

反対に、垂直部分は古典派の領域であり、金融政策を伴わない財政政策の役割はほとんど効果はない（IS曲線を動かしても利子率が変化するのみで所得は変化しない）。わかりやすく言えば、垂直部分はすでに完全雇用で、IS曲線を上方に動かしても名目所得が増えるだけで実質所得は増えないということである。

（注3） 根井雅弘『現代イギリス経済学の群像』（岩波書店、1989年）第1章参照。

杉本：「経太君、ケインズ経済学をいっぺんで全部理解する必要はない。わからないことがあれば、いつでも電子メールで質問を送ってほしい。」

経太：「ありがとうございます。これぞ経済学のモデルだ！　と感じさせる理論を初めて習いました。難しいところもありますが、うちに帰ってもう一度ノートを読み返します。」

確かにおなか一杯になる内容だった。しかし、杉本先生が一生懸命に教えてくれたので、自分も努力しなければならない。参考書も数冊借りてきたが、一番面白かったのは、ケインズみずからが書いた『一般理論』だった。

経太は、資本の限界効率の話を聴いたとき、それが企業家が抱く「予想」に依存しているがゆえに激動しやすいということ、そして、それがケインズの「不確実性」の世界だということはすんなりと理解できた。

だが、企業家が「不確実性」の前に尻込みしていたら、投資は全くおこなわれなくなるのではないか？　そんな疑問を抱きながら、『一般理論』を読んでいたら、ケインズがこんなことを言っている件を発見した[4]。

「投機による不安定性のほかにも、人間性の特質にもとづく不安定性、すなわち、われわれの積極的活動の大部分は、道徳的なものであれ、快楽的なものであれ、あるいは経済的なものであれ、とにかく数学的期待値のごときに依存するよりは、むしろおのずと湧きあがる楽観に左右されるという事実に起因する不安定性がある。何日も経たなければ結果が出ないことでも積極的になそうとする、その決意のおそらく大部分は、ひとえに、血気（アニマル・スピリッツ）と呼ばれる、不活動よりは活動に駆り立てる人間本来の衝動の結果として行われるのであって、数量化された利得に数量化された確率を掛けた加重平均の結果として行われるのではない。企業が設立趣意書の口上に依ってたいてい動いているように見えたとしても、それは表向きのことにすぎない。たとえその口上が腹蔵のない誠実なものであったとしても、そうなのである。企業活動が将来利得の正確な計算にもとづくものでないのは、南極探検の場合と大差ない。こうして、もし血気が衰え、人間本来の楽観が萎えしぼんで、数学的期待値に頼るほかわれわれに途がないとしたら、企業活動は色あせ、やがて死滅してしまうであろう。とはいえ、往時の利潤への「過度の」期待がいわれのないものであったと同様に、損失への「過度の」怖れも合理的な根拠を欠いているのであるが。」

（注4）ケインズ『雇用・利子および貨幣の一般理論』上巻、前掲、223－224頁。

経太は、小学校から高校までの間に、日本経済は長い停滞から抜け出せないでいるというような記事を何度か読んだことがあるが、ケインズの見地に立てば、企業の「血気」(animal spirits)が萎《な》えていたということなのだろう。

もう一つ、参考書を読んでいたら、ケインズの思考パターンがよくわかるような図式化を見つけた[5](表3のパシネッティ・モデルを参照)。

ケインズの直感は、非自発的失業は、賃金率が均衡水準よりも高いがゆえに生じるのではなく、社会全体の有効需要(国内に限れば、消費Cと投資I)が足りないから生じるというものであった。

有効需要のうち、Cは国民所得Yの安定的な関数(限界消費性向が1より小さい正の値をとる)だから、Iが決まればYも決まる(国民所得決定理論)。

パシネッティ・モデル

$$\Psi(L,\ \bar{M}) \to r \to \Phi(E,\ r) \to I \begin{matrix} \nearrow Y \\ \searrow C \end{matrix} \quad \begin{cases} Y = C + I \\ C = f\ (Y) \end{cases}$$

L(流動性選好)、M(貨幣供給量)、r(利子率)、E(資本の限界効率表の位置を示すパラメーター)、I(投資)、Y(国民所得)、C(消費)

表 3

では、Iはどのように決まるかといえば、それは、資本の限界効率Eと利子率rの関係によって決まる。もしEが所与と見なせるなら、Iはrの関数となる。

さらに、rはどう決まるのかといえば、それは、貨幣供給量と流動性選好の関係によって決まる（流動性選好説）。

以上を図式化したのが、表3のパシネッティ・モデルである。これは、IS/LMのように、国民所得と利子率の同時決定になっていないが、ケインズが大量失業の究極的な原因を人々の「貨幣愛」に求めていたことを明確に提示できる利点をもっている。

将来に不安があるなら、人々の流動性選好が強くなるので、貨幣供給量との関係で決まる利子率が比較的高めになる。高めの利子率と、不確実性の影響を受けて激動する資本の限界効率が組み合わさると、投資がきわめて低い水準に決まる。投資が少ないと、国民所得決定理論で学んだように、所得も少なくなり、完全雇用よりはかなり低い雇用量しか実現できない。

経太は、これをみたとき、なるほどと思った。IS/LMは、ケインズ経済学のモデルとしての「完結性」を提示した点において優れている。しかし、ケインズの思考法をたどっていくには、パシネッティ・モデルのほうがわかりやすい。どちらがあればよいというものではなく、両方知っておいたほうがケインズ経済学の理解が深まりそうだ。

それにしても、今夜はたくさん勉強しすぎた。その代わり、ぐっすり眠れるだろう。

（注5）　L・L・パシネッティ『経済成長と所得分配』宮崎耕一訳（岩波書店、1985年）49頁参照。ただし、記号は若干変更している。

＊＊＊

夢の中で、イギリスのサセックス州ティルトンにあるケインズの別荘に来ている。どこも静かなので、第二次世界大戦はすでに終結しているだろう。どうしてここに来られたのかはわからないが、きっと神様のお導きだろう。

ケインズは、伝記を読むと、単なる経済学者というよりは、政治家、実業家、ジャーナリスト、芸術愛好家など、いろいろな顔を持っており、まさに20世紀が生んだ「偉人」というにふさわしい[6]。

経太は、『一般理論』の細部について、ケインズに訊きたいわけではない。そんなことは、まだ勉強を始めたばかりだから、わからない。ただ、一点だけはどうしても訊ねたいと思った。ケインズは過労のために何度か心臓発作を起こし、晩年は、ベッドに臥《ふ》せることが多くなったという。機嫌のよいときをうかがっていたが、5分だけなら会えそうだという。呼び出しがあった。

ケインズ：「やあ。遠くから来たそうだね。」

経太：「ケインズ博士、お会いできて光栄です。お加減はいかがでしょうか。一つだけおうかがいしてよいでしょうか？」

ケインズ：「何だね？」

経太：「博士は、『一般理論』の最終章で、博士の「有効需要の原理」を採り入れるならば、やがて古典派経済学が有効性を取り戻すことを示唆しています。これは、古典派への「譲歩」なのでしょうか？」

ケインズ：「『一般理論』は、論争を巻き起こす形で書いたので、スミスからマーシャルに至る「古典派」の伝統をすべて否定するかのように読んだ専門家も多かった。しかし、私は、みずからがスミス以来のイギリスの自由主義の系譜につらなることを誇りに思いこそすれ、それを全否定する意図はなかった。

ただ問題は、「古典派」がめったに実現しない「完全雇用」を事実上想定していることだ。このような考え方は否定されなければならない。「有効需要の原理」は、そのためにに

(注6) R・F・ハロッド『ケインズ伝（上・下）』塩野谷九十九訳（東洋経済新報社、改訳版1967年）を参照。

生まれた。
残された問題は、総需要管理によって完全雇用が実現したとき、市場が「古典派」が想定したようにスムーズに機能してくれるかどうかだ。教え子のジョーン・ロビンソンによれば、彼女の親友ミハウ・カレツキは、不完全競争理論を導入して、それと「有効需要の原理」を結合しようとしているらしい。それも一つのアイデアかもしれない。
しかし、私が「古典派」が復活するようなことを示唆したように理解されたとすれば、行間に、経済学の父であるスミスの「英知」は偉大なものであり、たとえ一部は修正が必要でも、彼の自由主義は継承されなければならないという意味を込めたからではないか。
満足いく答えではないかもしれないが、私が言いたいのはそれだけだ。」

経太：「かしこまりました。貴重な時間を割いて下さって感謝に堪えません。」

ケインズ：「そんなに形式ばることはない。健闘を祈る。」

ケインズは、たしかに、往年の覇気はなく、疲れも見えたが、頭脳は明晰だった。彼が心臓発作のため別荘で亡くなったのは、１９４６年４月21日だが、訃報は世界中のメディアが報じた。享年62歳。ある人は、ケインズは、イギリス、いや「大英帝国」のために身を粉にして働き、殉死したようなものだ、と言った。そうかもしれない。だが、それでも、彼自身は偉大な祖国に奉仕できたことに満足していたに違いない。

＊　＊　＊

翌朝目覚めた経太は、夢の中でもケインズに会えて満足だった。彼が質問したことは、参考書をひもとくと、現在でも未解決の問題らしい。ケインズの『一般理論』は、現代マクロ経済学の古典となった。ケインズの先生だったマーシャルの「需要と供給の均衡」というアイデアは、第二次世界大戦後、レオン・ワルラスの一般均衡理論の中に包摂され、アメリカで現代ミクロ経済学の基礎を形づくった。

現在でも、経済学の基礎理論は、マクロ経済学とミクロ経済学に二分されて教育されている。スミスからケインズまでの経済学の歩みを駆け足で学んできた経太だったが、ケインズがマクロ経済学と結びつけて語られるのはよしとしても、ミクロ経済学をスミスの「見えざる手」を理論化したものと理解するのはかなり問題であることがわかった。新聞記事も注意して読まなければならない。

経済学の世界は、こう言ってよいかわからないが、スリリングだ。経太は、この世界に入ってみようかと思った。杉本先生の懇切丁寧なご指導と、そのご縁をつくってくれた後輩の栄一君には幾重にも感謝しなければならない。

いつも眺めている景色もなぜか輝いているように見える。勉強してこんな気分になったのは初めてだ。

終　章

経済学をより深く学ぶために

私は今回初めて「フィクション」の要素を採り入れた経済学の入門書を書いた。そうしようと思ったのは、高校までの教科書で習う経済学と、大学に入ってから本格的に学ぶ経済学とをつなげようという意図があったからである。

フィクションとはいっても、本書に出てくる経済学の理論や思想の解説は正確を期したつもりである。だが、高校生の経太を主人公に、彼が家庭教師をしている中学生の栄一君、その父親で経済学者の杉本先生を構図に書き始めたところ、やはり「何かが足りない」と直感的に思った。

そこで、主人公の経太が偉大な経済学者とときに「対話」をするというフィクションを織り込むことにした。フィクションだから、もちろん、対話の内容は私が考えたものだが、偉大な経済学者の受け答えには、私がこれまで勉強した限りでの知識を総動員し、いかにもその人が語っているかのような内容にまとめたつもりである。

私はここ数年、中学や高校の教科書が経済学や経済問題についてどのような記述をしているかに関心をもって、ときにそれらを参照してきた。それらの教科書は、長い準備期間をかけて編纂《へんさん》されているので、実によくできているものが多かった。しかし、経済思想や経済理論にかかわる記述に関しては、本格的な学問をしていく上ではいくらか誤解を招きかねない記述も散見された。そこで、それらをもう少し高いレベルから改めて見直しながら、経済学の入門書を書きたいという思いが強くなった。本書はそのような試みをお披露目したものである。

本書を読んで、さらにもっと深く経済学を学ぼうと志す若者が出たらこんなに嬉しいことはない。以下は、彼らを念頭に最低限の文献案内をしてみたい。

経済学の基礎理論が、ミクロ経済学とマクロ経済学に二分されることは本文でも述べたが、この分野の教科書は、海外の一流の経済学者たち（マンキュー、スティグリッツ、クルーグマンなど）の書いた標準的なレベルの教科書がいくつも出ている。しかし、日本語で書かれた教科書にも優れたものは少なくないので、幾つかの推薦書を挙げておく（初学者向きには＊を付ける）。

●伊藤元重『ミクロ経済学』第3版（日本評論社、2018年）＊
●神取道宏『ミクロ経済学の力』（日本評論社、2014年）
●吉川洋『マクロ経済学』第4版（岩波書店、2017年）＊
●二神孝一・堀敬一『マクロ経済学』第2版（有斐閣、2017年）

経済理論を学ぶには、若干の数学の勉強が必要である。以下は、学部レベルの教科書を読むに不可欠な経済数学の定評ある教科書である。

●尾山大輔・安田洋祐『経済学で出る数学』改訂版（日本評論社、2013年）＊
●水野勝之ほか『新テキスト　経済数学』（中央経済社、2017年）＊

●渡辺隆裕『ゼミナール　ゲーム理論入門』（日本経済新聞出版社、２００８年）

第二次世界大戦後の経済学は、ケインズが『一般理論』の最終章で示唆したように、新古典派経済学とケインズ経済学の「総合」という形で出版した。それを体系化したのがサムエルソンというアメリカの経済学者だが、彼の現代経済学史上の位置づけについては、次の文献を参照のこと。

●根井雅弘『サムエルソン――『経済学』と新古典派総合』（中公文庫、２０１８年）＊

現代経済学の潮流は、ノーベル経済学賞の受賞者たちの変遷によっても、ある程度知ることができる。この関連の文献も増えてきた。

●トーマス・カリアー『ノーベル経済学賞の40年――20世紀経済思想史入門（上・下）』小坂恵理訳（筑摩選書、２０１２年）＊

●根井雅弘編著『ノーベル経済学賞――天才たちから専門家たちへ』（講談社選書メチエ、２０１６年）

●依田高典『現代経済学（放送大学教材）』（放送大学教育振興会、２０１９年）

現代経済学は、長い間、市場メカニズムの分析ツールとして発展してきたが、最近では、制度や組織などもゲーム理論を駆使して解明しようとする「比較制度分析」、経済学と心理学の協同から生まれた「行動経済学」など、新しい動きが出てきた。この分野も良書が多い。

●瀧澤弘和『現代経済学――ゲーム理論・行動経済学・制度論』（中公新書、2018年）＊

●依田高典『行動経済学――感情に揺れる経済心理』（中公新書、2010年）

●リチャード・セイラー『行動経済学の逆襲』遠藤真美訳（早川書房、2016年）

●ダニエル・カーネマン『ファスト＆スロー――あなたの意思はどのように決まるか？』上・下、村井章子訳（ハヤカワ・ノンフィクション文庫、2014年）＊

スミスからケインズに至る経済学の大きな流れについては、経済学史の標準的な教科書で学ぶことが望ましい。

●ロバート・L・ハイルブローナー『入門経済思想史――世俗の思想家たち』八木甫ほか訳（ちくま学芸文庫、2001年）＊

●根井雅弘『入門　経済学の歴史』（ちくま新書、2010年）＊

●根岸隆『経済学史入門（放送大学教材）』改訂版（放送大学教育振興会、2001年）

経済学界には、主流派には属さず、辺境にありながらも存在感を示している異端派経済学もある。いくつか紹介しておこう。

●鍋島直樹『ポスト・ケインズ派経済学——マクロ経済学の革新を求めて』（名古屋大学出版会、2017年）

●ジョン・ロジャーズ・コモンズ『制度経済学——政治経済学におけるその位置（上・中・下）』宇仁宏幸ほか訳（ナカニシヤ出版、2015-19年）

●服部茂幸『危機・不安定性・資本主義——ハイマン・ミンスキーの経済学』（ミネルヴァ書房、2012年）

●ジョン・ケネス・ガルブレイス『ゆたかな社会』鈴木哲太郎訳（岩波現代文庫、2006年）

●菱山泉『ケネーからスラッファへ——忘れえぬ経済学者たち』（名古屋大学出版会、1990年）

最後に、経済学は、スミスから現代に至るまで資本主義を主な分析対象にしてきたが、その資本主義の歴史をあまり知らない若者が増えたのは憂うべき事態である。ぜひ次のような優れた啓蒙書でしっかりと歴史を学んでほしい。

●ユルゲン・コッカ『資本主義の歴史——起源・拡大・現在』山井敏章訳（人文書院、2018年）＊

●ピーター・クラーク『イギリス現代史1900-2000』市橋秀夫ほか訳（名古屋大学

出版会、2004年）

●小野塚知二『経済史――いまを知り、未来を生きるために』（有斐閣、2018年）

●金井雄一ほか編『世界経済の歴史――グローバル経済史入門』（名古屋大学出版会、2010年）

◉著者紹介

根井　雅弘（ねい　まさひろ）

京都大学大学院経済学研究科教授，経済学博士。

1962年生まれ。早稲田大学政治経済学部卒業後，京都大学大学院経済学研究科博士課程修了。2000年４月より現職。現代経済思想史専攻。

主な著書に，『経済学の歴史』（講談社学術文庫），『ケインズを読み直す：入門現代経済思想』（白水社），『経済学者の勉強術』（人文書院）などがある。

ものがたりで学ぶ経済学入門

2019年８月20日　第１版第１刷発行
2023年４月５日　第１版第４刷発行

著　者　根　井　雅　弘
発行者　山　本　　　継
発行所　㈱中央経済社
発売元　㈱中央経済グループパブリッシング

〒101-0051　東京都千代田区神田神保町1-31-2
電　話　03（3293）3371（編集代表）
　　　　03（3293）3381（営業代表）
https://www.chuokeizai.co.jp
製版／三英グラフィック・アーツ㈱
印刷／三　英　印　刷　㈱
製本／誠　製　本　㈱

ISBN978-4-502-31791-0　C3033